Guttentagsche Sammlung
Nr. 37. Deutscher Reichsgesetze. Nr. 37.
Textausgaben mit Anmerkungen und Sachregister.

Gesetz gegen den
unlauteren Wettbewerb.

Vom 7. Juni 1909.

Textausgabe mit Anmerkungen und Sachregister

von
Justizrat **Albert Pinner.**

Siebente Auflage

bearbeitet
von
Dr. Alexander Elster,
Berlin.

Berlin und Leipzig 1921.
Vereinigung wissenschaftlicher Verleger
Walter de Gruyter & Co.
vormals G. J. Göschen'sche Verlagshandlung — J. Guttentag, Verlagsbuchhandlung — Georg Reimer — Karl J. Trübner — Veit & Comp.

Vorwort.

Herr Justizrat Pinner hat sich infolge Arbeitsüberhäufung außerstande gesehen, die neue Auflage der erläuterten Textausgabe des Wettbewerbsgesetzes, die ihm so viel verdankt, zu bearbeiten. Wenn ich dieses Werk fortführe, so kann ich nichts Besseres tun, als möglichst in die Fußstapfen meines als Autorität hochgeschätzten Vorgängers zu treten. So wurde wie bisher auch in dieser siebenten Auflage auf die Berücksichtigung der Entscheidungen der höheren Gerichte und auf die rechtstheoretischen Grundlagen des Wettbewerbsschutzes besonderes Gewicht gelegt in Erhaltung der wertvollen Tradition, die Herr Justizrat Pinner diesem Buche gegeben hat.

Berlin, Juli 1921.

Alexander Elster.

Inhaltsverzeichnis.

Abkürzungen.

Begr. = Begründung zum Entwurf des Gesetzes, Anfang 1909 dem Reichstag vorgelegt.

DJZ. = Deutsche Juristenzeitung.

GR. u. U. = Gewerblicher Rechtsschutz und Urheberrecht, herausgegeben von Osterrieth.

JW. = Juristische Wochenschrift.

KomBer. = Bericht der Kommission des Reichstags, 12. Legislaturperiode, I. Session 1907/09.

LZ. = Leipziger Zeitschrift.

M. u. W. = Markenschutz und Wettbewerb (Monatsschrift für gewerblichen Rechtsschutz, herausgegeben von Wassermann).

OLGR. = Rechtsprechung der Oberlandesgerichte.

Pinner-Eyck = Kommentar zum Gesetz gegen den unlauteren Wettbewerb von Justizrat Albert Pinner und Rechtsanwalt Dr. Erich Eyck. Berlin 1910.

RG. = Reichsgericht.

RGStr. = Entscheidungen des Reichsgerichts in Strafsachen.

RGZ. = Entscheidungen des Reichsgerichts in Zivilsachen.

RGBl. = Reichs-Gesetzblatt.

Rosenthal = Kommentar zum Gesetz gegen den unlauteren Wettbewerb von Rechtsanwalt Dr. Alfred Rosenthal. Berlin 1921/22.

Einleitung.

Unlauterer Wettbewerb ist der gegen die Gebote von Treu und Glauben im Handel und Verkehr unternommene Bewerb um die Kundschaft eines anderen. Darin liegt das Moment der Sittenwidrigkeit. Die Bekämpfung dieser Sittenwidrigkeit im Geschäftsleben hat hier in dem Gesetz gegen den unlauteren Wettbewerb eine Magna Charta erhalten, soweit die im Laufe der Zeit immer wichtiger gewordene kaufmännische Werbetätigkeit im weitesten Sinne in Frage kommt. So gerechtfertigt und vom menschlichen Standpunkt auch erklärlich im geschäftlichen Leben das Bestreben sein mag, im Kampfe um das wirtschaftliche Dasein dem Gegner den Rang abzulaufen und das Absatzgebiet durch Angebot besserer und preiswürdigerer Waren und Leistungen an sich zu ziehen, sofern dies mit ehrlichen Kampfesmitteln geschieht, so verwerflich erscheint ein solches Treiben, wenn es auf Kosten von Treu und Glauben und der sittlichen Grundsätze des gewerblichen und geschäftlichen Verkehrs unternommen wird. Alsdann entsteht nicht allein für den oder die einzelnen Geschädigten, sondern auch für die Allgemeinheit, für den Staat eine nicht zu unterschätzende Gefahr, deren unnachsichtliche Bekämpfung und tunlichste Ausrottung sein eigenstes Interesse erheischt.

Der unlautere Wettbewerb und seine Bekämpfung sind, wenigstens in Deutschland, erst Erscheinungen der neueren Zeit. Man wird nicht fehlgehen in der Annahme, daß diese Wucherpflanze erst mit der allgemeinen Gewerbefreiheit entstanden ist, da jede Privilegierung und Monopolisierung den Konkurrenzkampf erleichtert, das freie Spiel von großem Angebot und beträchtlicher Nachfrage aber diesen Kampf erschwert hat.

So einig man in der Ansicht war, daß eine derartige Schädigung unheilvollster Art nicht länger bestehen könne, so schwierig erschien es, die geeigneten Mittel zur Beseitigung eines Übels zu finden, welches die mannigfachsten Schleichwege und Hinterpförtchen zu finden wußte, um zu seinem verwerflichen Ziele zu gelangen. Denn gerade diese Art des Wettbewerbes war findig darin, sich jede Masche der Prohibitionsgesetzgebung zunutze zu machen.

Die bestehende Gesetzgebung im Reiche wie in den deutschen Einzelstaaten bot keine genügende Handhabe zur Vernichtung oder auch nur zur Einschränkung dieses Übels, weder auf strafrechtlichem noch auf zivilrechtlichem Gebiete. Mit Recht hat man daher im Inlande wie im Auslande[1]) den zu bekämpfenden Wettbewerb als „unlauter" und nicht als „ungesetzlich" bezeichnet, weil er nicht sowohl eine positive Rechtssatzung als vielmehr gegen die allgemeinen Vorschriften von Sitte und Anstand verstößt. Denn wie Kohler hervorhebt[2]), vermeidet der unlautere Wettbewerb gerade die gesetzlich verpönten Gestalten, um in unzähligen Verkleidungen dem loyalen Verkehr die Früchte seiner redlichen Bemühungen abzujagen. Dieser Meinung widerspricht nicht die Tatsache, daß der unlautere Wettbewerb nicht selten auch direkt gegen gesetzliche Bestimmungen verstößt, namentlich da, wo er zur Erreichung seines Zweckes, der Verdrängung der Mitbewerber, sich

[1]) concurrence déloyale (nicht illégale); concorrenza sleale (nicht illegale); concurrencia ilicita; unfair competition.

[2]) Markenschutz, Würzburg 84, S. 70. Ähnlich drückt sich auch Pouillet aus: Traité des marques de fabrique et de la concurrenze déloyale en tout genre. Paris 92. Introduction p. VIII.

deliktischer Mittel bedient. Es bedarf hier nur eines Hinweises auf die Vergehen des Betruges, der Verleumdung, des sogenannten strafbaren Eigennutzes namentlich in Gestalt der Verletzung des geistigen Eigentums, insbesondere der Patent-, Muster- und Markenschutzgesetze. Weit häufiger trat indessen der unlautere Wettbewerb in Gestalten auf, die den Tatbestand einer strafbaren Handlung überhaupt nicht oder nur zum Teil erfüllten. So fehlte oft, um einen Betrug, d. i. die in rechtswidriger Gewinnsucht durch Täuschung herbeigeführte Vermögensschädigung, als vorliegend anzunehmen — wenngleich nach mehrfach ausgesprochener Ansicht des Reichsgerichts Identität der Person des Getäuschten und der des Geschädigten nicht gegeben zu sein braucht —, doch die innere Wechselwirkung zwischen Täuschung und Schädigung, insofern als ein ganz hors de combat stehender Dritter geschädigt sein kann, ohne daß die Irrtumserregung gerade gegen ihn gerichtet war. Ebensowenig konnte bei Kreditschädigung eine strafbare Beleidigung oder Verleumdung angenommen werden, wenn dem Täter die Absicht oder das Bewußtsein der Verletzung der Geschäftsehre des anderen nicht nachzuweisen war, wiewohl auch hier das Reichsgericht bemüht war, dem Geschädigten tunlichst Schutz angedeihen zu lassen.

Wie das Strafrecht, so versagte auch das Zivilrecht bei Bekämpfung des unlauteren Wettbewerbes. Denn wenn auch jede unerlaubte Handlung zivilrechtliche Verantwortlichkeit nach der Gesetzgebung aller Kulturstaaten nach sich zieht, so ist als unerlaubte Handlung doch immer nur eine gesetzlich verbotene oder rechtswidrige Rechtshandlung anzusehen.[1]) An derartigen Verbotsbestimmungen fehlte es aber gerade.

---

[1]) OTribPl. 16. Aug. 41, Entsch. 7 S. 114, 125.

Man suchte nun auf die Gesetzgebung und Rechtsprechung **Frankreichs** zu exemplifizieren. Bekanntlich spülten in Frankreich am Ende des 18. Jahrhunderts die hochgehenden Wogen der Revolution alle Privilegien und Monopole, alle Zünfte und Innungen über Bord des argbedrängten Staatsschiffes, und das namentlich auf Betreiben des Jakobinerklubs zustande gekommene Gesetz vom 17. März 1791 verkündete das Prinzip der unbedingten Freiheit der Arbeit und der Industrie, indem es die unbeschränkte Wahl und Ausübung des Gewerbes jedweder Art gewährte. Was über zwei Menschenalter später in Deutschland eintrat, die Gewerbefreiheit, war somit in weit unbegrenzterer Form in Frankreich längst gegeben. Indessen hatten sich hier die nachteiligsten Folgen bald bemerkbar gemacht, zu deren Beseitigung nicht sowohl der code pénal als vielmehr der code civil die geeignete Handhabe bieten sollte. Die schrankenlose, von keiner behördlichen Genehmigung abhängige, nicht einmal auch nur an eine Anmeldung bei der Gewerbebehörde geknüpfte oder durch irgendwelche Voraussetzung bedingte Gewerbefreiheit trieb nur zu bald für die einzelnen Beteiligten und schließlich für alle Gewerbe höchst bedenkliche Blüten und mußte alsbald die Rechtsprechung auf eine nachdrückliche Verfolgung dieses gemeingefährlichen Treibens hinweisen. Ein Mittel zur Beseitigung dieses Übels, das man als ein Quasidelikt ansah, glaubt man in den Bestimmungen[1]) des inzwischen

[1]) Im Grunde genommen enthalten diese Bestimmungen, die wir übrigens in fast allen anderen Zivilgesetzbüchern finden, weiter nichts als eine Erweiterung der lex Aquilia, deren Leitmotiv dahin geht, daß jeder den durch seine Schuld (Arglist) entstandenen Schaden zu ersetzen verpflichtet sei. Dig. 4. 3, Cod. 2, 21 de dolo malo L. 31 D. ad leg. Aquil. 9. 2.

am 9. Febr. 1804 erlassenen, am 19. desselben Monats bekanntgemachten 4. Titels des code civil zu erblicken; dieselben lauten:

§ 1382. Tout fait quelconque de l'homme, qui cause à autrui un dommage, oblige celui par la faute duquel il est arrivé à le réparer.

§ 1383. Chacun est responsable du dommage qu'il a causé non seulement par son fait, mais encore par sa négligence ou par son imprudence.

In der Tat ist es seither der französischen Rechtsprechung gelungen, an der Hand dieser Bestimmungen den unlauteren Wettbewerb, allerdings nur zivilrechtlich, zu bekämpfen. Auch für uns in Deutschland lag es nun nahe, die analogen Vorschriften unserer bürgerlichen Gesetzgebung zu gleichem Zwecke heranzuziehen; dieser Versuch ist jedoch gescheitert, nicht zum letzten auf Grund der Stellung, welche das Reichsgericht zu dieser Frage seinerzeit eingenommen hat. Hat doch das Reichsgericht selbst in solchen Fällen, wo das französische Recht in deutschen Rechtsgebieten noch Platz griff, die Anwendung der vagen Bestimmung, wie sie die französischen Gerichte, namentlich der Kassationshof in Paris, handhaben, ausdrücklich abgelehnt.[1])

Die Gründe dieser einander diametral gegenüberstehenden Rechtsauffassungen sind verschiedener Art. Einmal lag es jahrhundertelang und liegt auch jetzt noch häufig im Wesen des deutschen Richters, sich tunlichst genau an den ausdrücklichen Wortlaut des Gesetzes zu halten, während der Franzose leichter geneigt ist, der Sinnverwandtschaft mangelhafter Gesetzesbestimmungen mit anderen nachzugehen, die ratio legis tunlichst zu generalisieren, ähnlich wie auch der Engländer dem Richter größere Freiheit in

---

[1]) Vgl. RGZ. 17, 101, 18, 99, 25, 120.

der Rechtsfindung gegeben hat.[1]) Hierzu kommt, daß dort alle Verstöße des unlauteren Wettbewerbes, die sich doch ausschließlich oder zumeist auf dem Gebiete des gewerblichen Verkehrs abspielen, der Kompetenz der Handelsgerichte unterworfen sind.[2]) Während nun bei uns das zum größten Teil mit Laien besetzte Institut der Handelsgerichte erst jüngeren Datums ist, bestehen in Frankreich die unter dem Vorsitz eines gelehrten Richters aus Vertretern des Handels und der Industrie zusammengesetzten Handelsgerichte bereits seit dem Anfang des 19. Jahrhunderts. Ist somit dem Laienelement ein erheblicher, um nicht zu sagen, ausschlaggebender Einfluß auf die Rechtsprechung auf diesem Gebiete des gewerblichen Lebens gegeben, so darf es nicht wundernehmen, wenn die Rechtssprüche dieser Gerichtshöfe nicht an dem starren Buchstaben des Gesetzes haften, sondern, von Zweckmäßigkeitsgründen getragen, den jeweiligen Bedürfnissen des praktischen Lebens tunlichst Rechnung zu tragen bestrebt sind. Endlich dürfen wir einen Umstand nicht vergessen, nämlich den Einfluß des öffentlichen Ministeriums, der Staatsanwaltschaft in Frankreich auf die Rechtsprechung.

---

[1]) Mendelssohn-Bartholdy, Das Imperium des Richters, Straßburg 1908, S. 150ff, wo es u. a. heißt: „Man bindet den Richter an die Gesetze, wenn man ihm mißtraut, . . . wenn man ihm aber vertraut, so läßt man ihm Freiheit v r dem Gesetz, soviel er selbst sie braucht und haben will." Gerade in einer Materie wie der der Bekämpfung unlauteren Geschäftsgebarens ist solche Freiheit dringend erforderlich, wenn die Winkelzüge der Unlauteren auch nur einigermaßen vom Recht gefaßt werden sollen. Auch der englische Richter hat hier eine hochstehende, salomonische Rechtsprechung ausgebildet. Vgl. Rosenthal, Begriffsbestimmungen (in dem systematischen Teil seines Kommentars).

[2]) Code de commerce Art. 631 ff.

Letztere hat jederzeit das Recht und die Pflicht, Rechtssprüche, welche ihr zweifelhaft erscheinen und die sie aus Gründen des öffentlichen Interesses einheitlich festgelegt wissen will, dem obersten Gerichtshof (Kassationshof) zur Entscheidung vorzulegen, eine außerordentlich wertvolle Einrichtung behufs Erzielung einheitlicher Rechtsprechung und Rechtspflege. Der Kassationshof hat aber als von jeher alleinige höchste Instanz in unverbrüchlicher Konsequenz in allen Fällen, wo irgendwie ein unlauterer Wettbewerb vorlag, die extensive Anwendung der oben angezogenen Bestimmungen gutgeheißen.[1])

Freilich fällt in Frankreich die strafrechtliche Verfolgung des unlauteren Wettbewerbs ganz aus. Indessen sucht der französische Richter, wieder erleichtert durch eine unbeschränkte Beweiswürdigung, diese Lücke durch Festsetzung von Entschädigungsbeträgen zu ersetzen, die oft ungewöhnlich hoch bemessen erscheinen, weil wiederum die freieste richterliche Überzeugung bei Beantwortung der Frage der Verursachung und der Höhe des Schadens den weitesten Spielraum gestattet.

Da nun eine derartige Rechtsprechung von den deutschen Gerichten nicht gebilligt und angewendet wurde, so ergab sich von selbst die Notwendigkeit, besondere Bestimmungen zur Bekämpfung des unlauteren Wettbewerbs aufzustellen.

Es ist und bleibt das unbestrittene, nicht genug hervorzuhebende Verdienst Kohlers, daß er immer und immer

[1]) Zur Erzielung der einheitlichen Anwendung des vorliegenden Gesetzes ist wie in allen Rechtsstreitigkeiten, welche die gewerblichen (sowie die literarischen und künstlerischen) Schutzrechte betreffen, auch in denjenigen, in welchen aus diesem Gesetze Ansprüche geltend gemacht werden, die Entscheidung letzter Instanz dem Reichsgericht zugewiesen worden.

wieder, und zwar zu Zeiten, als der unlautere Wettbewerb ein dem deutschen Volke, ja selbst den deutschen Juristen noch ungeläufiger Begriff war, die allgemeine Aufmerksamkeit auf die Gefahren dieser Wucher- und Schlingpflanze im gewerblichen Leben hingewiesen und nach dem Beispiele der französischen Gesetzgebung und Rechtsprechung eine allgemeine Anwendung auch der deutschrechtlichen Bestimmungen zur Bekämpfung des unlauteren Wettbewerbs empfohlen hat, allerdings ohne Erfolg, wie oben gezeigt und wie er auch selbst zugibt.[1]) Indessen kam aber gerade auf Kohlers rastloses Betreiben die Frage der Gemeinschädlichkeit des unlauteren Wettbewerbes und seiner Bekämpfung immer mehr in Fluß, alsbald erschienen Abhandlungen aus juristischer Hand mit Vorschlägen, die teils dem Erlasse einer lex specialis ernstlich das Wort redeten, teils die bestehende Gesetzgebung für ausreichend ansahen[2]), bald einen zivilrechtlichen Schutz für zweckdienlich, bald einen strafrechtlichen Schutz für notwendig erachteten. Schließlich wurden aus industriellen und kommerziellen Kreisen der Bevölkerung Petitionen um Erlaß von Schutzmaßregeln gegen den unlauteren Wettbewerb an den Reichstag und an die Reichsregierung gerichtet, die in der Folge nicht unberücksichtigt bleiben konnten.

So finden wir denn bereits in dem Gesetze zum Schutze der Warenbezeichnungen vom 12. Mai 1894 die ersten deutschrechtlichen Bestimmungen gegen den unlauteren Wettbewerb, allerdings nur insoweit, als dieselben in dem

---

[1]) Neue deutsche Rundschau 94, Heft XII.

[2]) Bachem, Wie ist dem unlauteren Wettbewerb zu begegnen? Köln 93. — Katz, Unlauterer Wettbewerb. Vortrag. Berlin 94.

technischen Rahmen eines Warenzeichenschutzgesetzes unterzubringen sind. Hier ist zunächst die in einer über die Herkunft der Waren täuschenden Absicht vorgenommene Kennzeichnung und Ausstattung derselben vorgesehen. Die Verschleierung der Herkunft der Ware ist der springende Punkt, den das Warenzeichenschutzgesetz besonders verfolgt und der gewissermaßen die Brücke schlägt zum anderen Ufer des benachbarten Gebietes, des Schutzgebietes gegen den unlauteren Wettbewerb; hier setzt auch das neue Gesetz zur Bekämpfung des letzteren ein; die Auswüchse des Reklamewesens, die gerade in erster Linie auf eine Verschleierung der Herkunft der Waren zielen, haben hauptsächlich den Anstoß zum Erlaß des neuen Gesetzes gegeben und bilden somit auch seinen Ausgangspunkt.

Bereits bei Beratung des Gesetzes zum Schutze der Warenbezeichnungen wurde im Reichstag der Versuch gemacht, Bestimmungen dorthin aufzunehmen, die den auf Täuschung berechneten wahrheitswidrigen Angaben über Herkunft, Beschaffenheit und Wert der angebotenen Waren entgegentreten sollten. Dieser Versuch ist jedoch von der Regierung und vom Reichstage unter der Begründung abgewiesen worden, daß diesen Vorschriften nicht in einem Warenzeichenschutzgesetz, sondern in einem besonderen Gesetze zur Bekämpfung des unlauteren Wettbewerbes Aufnahme zu gewähren sei. Die alsbaldige Vorbereitung eines solchen Gesetzes wurde gleichzeitig von der Regierung in Aussicht gestellt, und nicht lange darauf, bereits im Januar 1895, erschien auch der Entwurf zu diesem Gesetze nebst Begründung.

Abgesehen von nur wenigen einschneidenden Abänderungsvorschlägen, fanden die im Entwurfe aufgestellten Maßnahmen die Zustimmung der interessierten Kreise, der Handelskammern, der kaufmännischen und gewerblichen

Vereine. Ebenso sprach sich auch der Juristentag im September 1895 für den Erlaß wirksamer Schutzbestimmungen gegen den unlauteren Wettbewerb aus.

Unter tunlichster Berücksichtigung mehrseitig geäußerter Wünsche folgte dem ersten Entwurfe ein zweiter und ein von diesem nicht erheblich abweichender dritter Entwurf, der später mit wenigen bedeutsamen Abänderungen zum Gesetz erhoben worden ist.

Die Gesichtspunkte, welche bei Aufstellung des Entwurfes von 1895 die maßgebenden und leitenden gewesen, sind in kurzem folgende:

Trotz der Vielseitigkeit der Gestalten, in welchen sich der unlautere Wettbewerb zeigt, erschien es gegenüber der oben dargelegten Rechtsprechung der deutschen Gerichte, insbesondere des Reichsgerichts, nicht geboten, dem französischen Beispiele zu folgen und nur eine allgemeine Vorschrift zu geben, vielmehr empfahl es sich zunächst wenigstens, ohne späteren gesetzgeberischen Maßnahmen vorzugreifen, nur die besonderen Auswüchse des unlauteren Wettbewerbs zu treffen. Als solche erschienen fünf besonders hervortretende Erscheinungen: 1. der Reklameunfug, 2. die Quantitätsverschleierungen, 3. die Kreditschädigung, 4. der Firmenmißbrauch, 5. die Geschäftsgeheimnisverletzung.

Was den Schutz im allgemeinen betraf, so sollte er in erster Linie auf zivilrechtlichem Gebiet zu fordern sein und in der Klage auf fernere Unterlassung der Zuwiderhandlung sowie auf Schadensersatzleistung bestehen, und nur da, wo auf Kosten der Wahrheit und mit besonders verwerflichen Mitteln der unlautere Mitbewerber sein Wesen treibt, sollten nach Maßgabe der vom Reichstag damals beratenen Novelle zur Strafprozeßordnung, wonach bei der Verfolgung sogenannter Privatdelikte die Privatklage an Stelle der öffentlichen Klage treten sollte, Strafbestimmungen Platz greifen, indessen sollte die strafrechtliche Verfolgung im allgemeinen mittels der Privatklage und nur, wenn das öffentliche Interesse berührt war, im Wege der öffentlichen Klage seitens der Staatsanwaltschaft betrieben werden. Ebenso war noch auf die Veröffentlichung der Verurteilung nach dem Beispiele anderer das öffentliche Interesse lebhaft berührender Gesetze, wie z. B. des Gesetzes, betreffend den Verkehr mit Nahrungsmitteln, ein wesentliches Gewicht gelegt.

Nach der Begründung zu dem Gesetz von 1896 sollte nicht jedwede, sondern nur die mit unlauteren Mitteln kämpfende, insbesondere der Vorspiegelung unwahrer Tatsachen sich bedienende, d. i. die schwindelhafte Reklame gesetzlich unzulässig sein, aber auch nicht ohne jede Rücksicht auf ihre Wirkung, sondern nur für den Fall, daß sie entweder an sich geeignet oder unternommen ist, den Anschein eines besonders günstigen Angebots hervorzurufen. Im ersteren Falle liegt die einfache, die nicht auf Täuschung zielende, nur zivilrechtlich, im zweiten die betrügerische, strafrechtlich und somit ebenfalls zivilrechtlich verfolgbare Reklameüberschreitung vor. Dieser Gedanke ist auch für die neue Gesetzgebung und Rechtsprechung in Geltung geblieben. Die Reklame besteht, wie der Ursprung des Wortes besagt, in der Anpreisung einer zum Verkauf gestellten Ware oder gewerblichen Leistung (Arbeit); sie führt zum Rechtsbruch, wenn sie in der Behauptung unrichtiger oder unwahrer Tatsachen über die angepriesene Ware oder die gewerbliche Leistung besteht. Geschieht die Reklameausschreitung in betrügerischer Weise, d. h. durch Vorspiegelung wissentlich falscher und zur Täuschung geeigneter Tatsachen, dann stellt sich der unlautere Wettbewerb als eine strafrechtlich verfolgbare Handlung dar. Dieselbe ähnelt dem Vergehen des Betruges nach § 263 RStrGB., weicht von ihm aber, wie bereits oben erwähnt, insofern ab, als zum Tatbestande des Betruges nicht allein die Erfordernisse der Vorspiegelung falscher Tatsachen und auch nicht die nur mögliche Irreführung ausreichen, sondern die durch die Vorspiegelung der falschen Tatsache hervorgerufene Irrtumserregung und die durch letztere bewirkte Vermögensschädigung einer bestimmten Person gegeben sein müssen. Wenn auch die Person des Getäuschten und des Geschädigten nicht zusammenfallen müssen, so muß doch die Wechselwirkung, der sogenannte Kausalnexus zwischen Täuschung und Schädigung, bestehen. Zum Tatbestande des strafbaren unlauteren Wettbewerbs genügt aber nur die Aufstellung wissentlich unwahrer tatsächlicher Angaben, welche an sich geeignet sind, eine Täuschung hervorzurufen, ohne daß eine solche in Wirklichkeit erfolgt ist. Hierin zeigt sich der fruchtbare Gedanke, daß auf dem hier in Rede stehenden Gebiet das Objekt der Bekämpfung schon die Unlauterkeit als solche sein sollte, nicht erst der durch Unlauterkeit herbeigeführte Erfolg.

Nicht minder gefährlich wie der Reklameunfug erschien von Anfang an ein anderer Fall unlauteren Wettbewerbes, nämlich die Quantitätsverschleierung. Diese besteht darin, daß statt der vom Käufer erwarteten, auch sonst üblichen Mengenverhältnisse an Zahl, Maß oder Gewicht kleinere Quantitäten verkauft werden.

In oft gemeinschädlicher Weise zeigte sich ferner der unlautere Wettbewerb in den Angriffen auf den Ruf und den Kredit des unbequemen Mitbewerbers. Gegen solches verwerfliches Gebaren bot die Gesetzgebung und Rechtsprechung vor dem Gesetz von 1896, wenn überhaupt, so doch nur geringe Hilfe. Nach der Auslegung, welche das

Reichsgericht dem § 186 StrGB. gab, macht sich derjenige der Beleidigung schuldig, der in bezug auf einen Kaufmann ohne weitere Einschränkung die unwahre, d. i. wissentlich unrichtige Angabe, daß derselbe zahlungsunfähig geworden, macht. An der Hand dieser noch dazu lediglich strafrechtlichen Bestimmung ließ sich dem unlauteren Wettbewerb mit Erfolg nicht entgegentreten, da sie nur den einen, allerdings schwersten Fall der Kreditschädigung, die Behauptung der Kreditunfähigkeit, im Auge hat, während doch schon die Herabsetzung der Leistungen und der Waren eines anderen Gewerbetreibenden für ihn von den übelsten Folgen begleitet sein kann.

Das Gesetz von 1896 verbot daher zwei Arten von Kreditschädigung: die üble Nachrede und die verleumderische Kreditschädigung. Die üble Nachrede hat die Aufstellung nicht erweislich wahrer Behauptungen zur Voraussetzung, gleichviel, ob derjenige, der die Behauptungen aufstellt, dieselben für wahr gehalten hat oder nicht. Erfolgt dagegen die Kreditschädigung in verleumderischer Weise, d. h. werden die unwahren Behauptungen wider besseres Wissen aufgestellt, dann liegt eine strafrechtlich verfolgbare Handlung vor, auch ohne den Beweggrund des unlauteren Wettbewerbs. Wie der § 187 StrGB. die verleumderische Ehrverletzung gegen eine bestimmte Person behandelt, so soll im obigen Paragraphen die verleumderische Verletzung der Geschäftsehre, nämlich des Inhabers oder Leiters eines Geschäfts, getroffen werden. Auch diese Bestimmungen sind in dem Gesetz von 1909 erhalten geblieben.

Ebensowenig ausreichend war früher der Schutz der Firma und des Namens eines geschäftlichen Unternehmens gesichert. Der Schutz der Firma eines Kaufmanns ist zwar bereits im Handelsgesetzbuch vorgesehen, indessen genügt das nicht, insofern als hier der Mißbrauch der Firma durch irgendwelche für wesentlich erachtete Abänderung zumeist nicht verfolgt werden kann. Ferner ist dort nur die Firma eines im Handelsregister eingetragenen Kaufmanns geschützt, während der Name des Geschäfts anderer, nicht als Vollkaufmann anzusehender Gewerbetreibender schutzlos gewesen wäre. Wesentliche Änderungen und Verbesserungen hatte bereits das Markenschutzgesetz vom 30. Nov. 1874 und in seiner Umgestaltung als Gesetz zum Schutze der Warenbezeichnungen vom 12. Mai 1894 gebracht; indessen erstreckte sich sein Schutz natürlich nur auf Waren und Warenbezeichnungen, d. h. auf den Mißbrauch der Firma und des Namens eines andern bei der Kennzeichnung von Waren. Der von dem Gesetz von 1896 unternommene Vorstoß gegen jeden Mißbrauch der Bezeichnung, unter welcher ein fremdes oder ein eigenes Erwerbsgeschäft geführt wird, im geschäftlichen Verkehr, d. h. unter Gewerbetreibenden, zur Herbeiführung von Verwechselungen ist eine der wichtigsten Positionen auch des Gesetzes von 1909 geblieben (§ 16) und hat durch die höchstrichterliche Rechtsprechung fast ebensoviel Interesse, Förderung und Ausgestaltung erfahren wie z. B. die die Generalklausel und die unwahren Reklamemitteilungen behandelnden §§ 1 und 3.

Der Begriff der „besonderen Bezeichnung" hat hier manche Rätsel aufgegeben, aber schließlich zu sehr wertvollen Festlegungen über Gattungsnamen, schöpferische Namensfindung u. dgl. und zu einer methodisch fruchtbringenden Verbindung mit urheberrechtlichen Rechtsnormen geführt, zumal ausdrücklich auch Druckschriften als Schutzgegenstand einbezogen worden sind. Da nach Ansicht des Reichsgerichts Zeitungstitel als Warenzeichen nicht anzusehen sind, so war ihnen vordem jeder Schutz versagt.

Eines der wichtigsten Kapitel schon des Gesetzes von 1896 bildeten die Bestimmungen über den S c h u t z d e r Geschäfts- und Betriebsgeheimnisse. Obwohl später, nach den Motiven [1]) zum ersten Entwurfe des Gesetzes, die Frage, ob ein solcher Schutz überhaupt erforderlich sei und im Interesse des Handels und der Industrie liege, von den zu der Erörterung einberufenen Sachverständigen rücksichtlich der Betriebsgeheimnisse einstimmig, bezüglich der Geschäftsgeheimnisse mit Stimmenmehrheit bejaht wurde, hatte doch zuvor, wenigstens von Reichs wegen, ein Schutz gewerblicher Geheimnisse nicht bestanden, denn der Schutz erstreckte sich, abgesehen von der jedem Beamten obliegenden Amtsverschwiegenheit, nur auf Staatsgeheimnisse [2]), auf das Briefgeheimnis [3]), auf die den Rechts- und ärztlichen Beiständen anvertrauten Geheimnisse [4]) sowie auf die Geheimnisse eines Betriebes gegenüber den Vertretern der Berufsgenossenschaften bei der Überwachung der Unfallverhütung. Auch hier ergaben sich wiederum enge Berührungspunkte mit urheberrechtlichen Schutzbedürfnissen. Denn es kann keinem Bedenken unterliegen, daß die sogenannten Betriebs- und Geschäftsgeheimnisse unter das Gebiet des sogenannten geistigen Eigentums fallen, stellen sie doch, ähnlich wie die Erfindung zumeist das Ergebnis langer, oft mühevoller geistiger Tätigkeit dar, das ebenso auf Schutz Anspruch erheben darf wie die Erfindung. Kohler hatte schon vor geraumer Zeit den strafrechtlichen Schutz des Geschäftsgeheimnisses als „ein dringendes Postulat der deutschen Gesetzgebung" bezeichnet, weil dringende Interessen der redlichen Industrie gegenüber den Usurpationen dessen, was erdacht und ersonnen ist, zu schützen sind.[5])

---

[1]) S. 22. — [2]) §§ 92 I u. 353 a StrGB.

[3]) § 299 StrGB. — [4]) § 300 StrGB.

[5]) „Patent- und Industrierecht" Heft I S. 92. („Glasers Annalen" 88 S. 31.)

Da die Verletzung der Geschäftsgeheimnisse fast ausschließlich im unlauteren Wettbewerb ihren Beweggrund hatte, so war die Einfügung der Schutzbestimmungen für die Geschäftsgeheimnisse in den Rahmen eines der Bekämpfung des unlauteren Wettbewerbes dienenden Gesetzes durchaus geboten, und die Beibehaltung dieser Materie im Gesetz von 1909 (§§ 17—20) beweist, daß sich die Betrachtung des Geheimnisverrats als Teil unlauteren Geschäftsgebarens theoretisch und praktisch bewährt hat. Nicht ohne erhebliche Schwierigkeiten war es möglich, allen seinerzeit geäußerten Wünschen gerecht zu werden. Von der einen Seite wurde überhaupt jeder Schutz als entbehrlich, sogar als bedenklich verworfen; die Gegner vermochten andrerseits sich den Schutz nicht umfassend genug, namentlich rücksichtlich der Zeit, vorzustellen. Es ist nicht uninteressant, die Genesis dieser gesetzlichen Bestimmung zu verfolgen. Nach dem allerersten Gesetzentwurf sollte den Angestellten usw. eines Geschäftsbetriebes eine Schweigepflicht noch für zwei Jahre nach Beendigung des Dienstverhältnisses auferlegt werden. Diese Verpflichtung wurde vielfach als zu lange während und deshalb als zu störend und hemmend für den Angestellten in seinem späteren Fortkommen angesehen. Der dem Reichstag später wieder vorgelegte Entwurf wollte zwischen den Geschäfts- und Betriebsgeheimnissen, die dem Angestellten anläßlich des Dienstverhältnisses anvertraut oder sonst zugänglich geworden, und denjenigen, die ihm als Geheimnisse ausdrücklich bezeichnet und als für eine bestimmte Zeit als geheim zu halten anvertraut sind, unterschieden wissen und erstere während der Geltungsdauer des Dienstvertrages, letztere noch nach Ablauf des Dienstvertrages geschützt sehen. In der Kommission war man der Ansicht, daß es schwer oder überhaupt nicht durchführbar sei, in irgendeinem größeren Geschäfte

Geheimnisse den Angestellten als solche besonders schriftlich anzuvertrauen, es müßte denn über solche Fälle geradezu Buch geführt werden; andrerseits erscheine es als gegen alle gesunden wirtschaftlichen Grundsätze verstoßend, den Angestellten an der Verwendung der Kenntnisse zu verhindern, welche er sich durch seine Tüchtigkeit und Fähigkeit erworben habe. Auch würde eine Einschränkung der Geheimhaltung für eine vom Geschäftsherrn beliebig zu diktierende Zeit über die Endigung des Dienstvertrages hinaus manche tüchtige Kraft ins Ausland zu einer dort nicht verfolgbaren Verwertung seiner Beobachtungen und Erfahrungen treiben. Alle diese Gründe waren durchschlagend, der Bestimmung zum Schutze der Geschäfts- und Betriebsgeheimnisse die später auch vom Plenum des Reichstages gutgeheißene, zum Gesetz erhobene Fassung zu geben, nach welcher dem Angestellten die Mitteilung eines vermöge des Dienstverhältnisses anvertrauten oder sonst zugänglich gewordenen Geheimnisses an andere zu Zwecken des Wettbewerbes oder in einer den Geschäftsherrn schädigenden Absicht nur für die Geltungsdauer des Dienstverhältnisses (nicht Dienstvertrages) untersagt sein soll.

Die Entstehungsgeschichte und die Grundsätze des Gesetzes vom 27. Mai 1896 sind hier, obgleich sie ein nicht mehr geltendes Gesetz betreffen, doch ausführlicher geschildert worden, weil zum Verständnis des neuen Gesetzes das alte nicht entbehrt werden kann.

Nicht viele Jahre konnte sich das Gesetz von 1896 ungeänderter Geltung erfreuen. Zunächst fanden seine Vorschriften, die nach der deutlich zutage getretenen Absicht des Gesetzgebers nur einige Fälle des unlauteren Wettbewerbs treffen sollten, eine Ergänzung in den §§ 823, 824 und besonders 826 des BGB. Gerade der letztere Paragraph erschien geeignet, allen vorsätzlichen illoyalen Schädigungen des Verkehrslebens in wirksamer Weise entgegenzutreten und auch für den Wettbewerb eine Generalklausel, unter die alle nicht im Gesetz ausdrücklich bezeichneten Tatbestände fallen, zu bilden. Nachdem das RG. (Bd. 48 S. 119) diese Ansicht gebilligt und den § 826 als Schutzwehr gegen illoyale Handlungen bezeichnet hatte, schien der von vielen beklagte Übelstand, daß das Gesetz keine allgemeinen Grundsätze aufstelle, sondern nur Spezialfälle treffe, beseitigt und eine ruhige Weiterentwickelung des Gesetzes gewährleistet.

Trotzdem verstummten die Wünsche nach einer Erweiterung des Gesetzes nicht. Teils sollten Unzuträglichkeiten durch Mißgriffe gerichtlicher Entscheidungen, veranlaßt durch Unklarheiten im Gesetz, entstanden sein, teils wurde das Fehlen wichtiger Vorschriften gegen gewisse unlautere Machenschaften („bei den in ständiger Wandelung begriffenen Schlichen und Kniffen", vergl. RGStr. 41, 81) bemängelt.

Um den Wünschen der Beteiligten entgegenzukommen, hat zunächst das Reichsamt des Innern im Februar 1907 Sachverständige aus den Kreisen des Handwerks und Handels sowie Rechtskundige zur Besprechung einer Revision des Gesetzes eingeladen, hat dann im Dezember 1907 einen vorläufigen Entwurf eines Abänderungsgesetzes veröffentlicht (abgedruckt im Reichsanzeiger vom 16. Dez. 1907 und in M. u. W. 7 S. 49), „um auch weiteren Kreisen Gelegenheit zur Meinungsäußerung zu geben". Nachdem die Interessenten sich sehr eingehend geäußert hatten, ging im Januar 1909 dem Reichstag ein gegenüber dem ersten in mehreren Punkten abgeänderter Entwurf zu (abgedruckt mit Begründung im M. u. W. 8 Februarheft). Der Reichstag überwies den Entwurf am 25. Jan. 1909 einer Kommission von 21 Mitgliedern, die sich am 26. Jan. konstituierte und in zwei Lesungen bis 5. Mai 1909 den Entwurf durchberiet und mit verschiedenen Änderungen und Ergänzungen dem Reichstag zur Annahme empfahl. Noch im Mai fand die zweite und dritte Lesung im Reichstag statt, in der das Gesetz in der jetzt angenommenen Fassung beschlossen wurde. Veröffentlicht ist es am 7. Juni 1909.

Die hauptsächlichsten Änderungen des jetzigen Gesetzes gegen das frühere sind die (erst von der Reichstagskommission beschlossene) Einführung der Generalklausel, die Einführung von Vorschriften über die Haftung des Prinzipals für Handlungen Angestellter, über Ausverkaufswesen, Bestechung von Angestellten (ebenfalls erst durch die Kommission eingeführt) und Verschärfung der Strafen sowie Erleichterung zivilprozessualen Vorgehens. Daneben sind noch viele Einzelheiten geändert, z. B. die vielangefeindeten Worte „tatsächlicher Art" in §§ 1 und 4 des früheren Gesetzes gestrichen, so daß kaum eine Vorschrift des alten Gesetzes genau wörtlich übernommen, aber doch der seinerzeit begonnene Weg folgerichtig fortgesetzt worden ist.

Jetzt steht der Generalklausel (§ 1) eine Reihe besonders genannter Einzelfälle gegenüber, die sich wie folgt gliedern lassen:

I. Einwirkungen auf das Publikum: durch unrichtige Angaben über die eigene geschäftliche Sphäre, und zwar durch unlautere Anpreisung (§§ 3 bis 5), durch Ausverkaufsankündigungen (§§ 6—10), durch Warenmengenverschleierung (§ 11), über die fremde geschäftliche Sphäre, und zwar durch Kreditschädigung, falsche Nachrede (§§ 14, 15); durch Namen- und Titelmißbrauch (§ 16). II. Einwirkung auf Angestellte des Mitbewerbers und deren Vertrauensbruch

(§§ 12, 17—20). Daneben gibt § 13 die Aktivlegitimation auch an Verbände von Interessenten, die §§ 21 ff. strafrechtliche, prozessuale, internationale und Schlußbestimmungen.

Das Gesetz in seiner jetzigen Fassung gibt insbesondere durch die Generalklausel, die Anspannung der Strafbestimmungen und die vielen neuen und einschneidenden Einzelvorschriften dem ehrsamen Gewerbestand ein sehr starkes Mittel gegen unlautere Machenschaften aller Art; dem Richter überträgt es mit seinen allgemeinen Grundsätzen die schwere, aber hochstehende Aufgabe, unter sachgemäßer Prüfung aller in Betracht kommenden Verhältnisse im Wettbewerb Rechte und Pflichten der Konkurrenten gegeneinander abzuwägen. Dieser Aufgabe hat sich der deutsche Richterstand durchaus würdig gezeigt. Die Rechtsprechung und die rechtswissenschaftliche Behandlung auf dem Gebiete des Wettbewerbsrechts haben sich immer mehr zu klaren und sittlich bedeutsamen Grundsätzen durchgerungen, haben dem unlauteren Geschäftsgebaren den Schleichweg energisch verlegt, ohne den erlaubten und gebotenen Wettbewerb zu schädigen und einzuengen. Dabei war die oberstrichterliche Rechtsprechung unter Führung des Reichsgerichts und unter steter Förderung durch das Schrifttum stets dem immanenten Recht des Einzelfalls und dem überragenden Wahrheitsgedanken zu dienen bestrebt und hat sich hier in vorbildlicher Weise von formalistischen Rücksichten bewußt und energisch abgewendet. Im Zweifel wurde stets der sittlich strengere Maßstab angelegt und die Unlauterkeit auch da getroffen, wo sie sich hinter scheinbarem Recht zu verbergen suchte. In den Fragen der „unrichtigen Angabe“, des Ausverkaufs, des Titelschutzes, der Preisunterbietungen kam das besonders deutlich zum Ausdruck, ohne daß die vom Gesetze gebotene

Berücksichtigung des Wettbewerbsbegriffs etwa außer acht gelassen worden wäre. Weiter hat sich bei der wissenschaftlichen Behandlung dieser Fragen auch immer mehr gezeigt, daß das Gesamtgebiet des gewerblichen Rechtsschutzes in dem Gesetz gegen den unlauteren Wettbewerb eine willkommene Ergänzung findet, die geeignet und berufen ist, oftmals auf dem Wege wettbewerbsrechtlicher Sätze die Wahrung der urheber- und patentrechtlichen Grundsätze erst wirksam und vollkommen zu ermöglichen[1]).

---

[1]) Vergl. Elster, Grundriß des gewerblichen Rechtsschutzes, Berlin 1921.

Gesetz gegen den unlauteren Wettbewerb.

Vom 7. Juni 1909.

(RGBl. 1909, Nr. 31, S. 499—506.)

§ 1.[1])

Wer im geschäftlichen Verkehre[2]) zu Zwecken des Wettbewerbes[3]) Handlungen vornimmt, die gegen die guten Sitten[4]) verstoßen, kann auf Unterlassung[5])[6]) und Schadensersatz[7]) in Anspruch genommen werden.[8])[9])

Lit. Lobe in GR. u. U. **15** 3, Kohler in M. u. W. **13** 45, und die Werke von Lobe, Rosenthal, Kohler, Pinner-Eyck u. a.

1. Diese Bestimmung ist erst durch das jetzige Gesetz eingeführt; sie entscheidet eine der ältesten Streitfragen, die sich an die Verfolgung des unlauteren Wettbewerbes knüpfen. Die deutsche Rechtsprechung ist in die Verfolgung des unlauteren Wettbewerbs erst eingetreten, nachdem in den außerdeutschen Ländern bereits vielfach der Kampf gegen das unlautere Gebaren im Geschäftsverkehr mit Erfolg geführt war. Insbesondere war die französische Rechtsprechung anknüpfend an die ganz allgemein gehaltene Bestimmung des § 1382 des code civil gegen die concurrence déloyale vorgegangen. Bei der Beratung des deutschen Gesetzes wurde die Frage, ob auch hier, wie in Frankreich, lediglich ein allgemeiner Grundsatz ausgesprochen werden sollte, oder aber ob Spezialvorschriften zweckmäßiger wären, sehr lebhaft erörtert. Das Gesetz vom 25. Mai 1896 sah von einer Generalvorschrift ab und stellte nur Einzelfälle unter zivilrechtlichen bezw. strafrechtlichen Schutz. (S. a. Einleitung oben S. 8ff.)

Das BGB. stellte dann in den §§ 823 und 826 allgemeine Grundsätze auf, nach denen unlauteres Gebaren zu Schadensersatz verpflichtete. Die Praxis, insbesondere das Reichsgericht (vergl. RG. in RGZ. **48** 115, JW. **1905** 237), wendete diese allgemeinen Grundsätze auch auf den unlauteren Wettbewerb an, so daß neben den Spezialvorschriften des Gesetzes die allgemeinen Grundsätze des BGB. zur Anwendung kamen. Da insbesondere § 826 immer mehr und mehr für den unlauteren Wettbewerb im Geschäftsleben angewendet und damit die Lücken des Gesetzes vom 27. Mai 1896 beseitigt wurden, so schien nunmehr der Streit, ob die generelle Bestimmung notwendig sei, geschlichtet.

Der Entwurf zu dem neuen Gesetz hatte auch von der Generalklausel Abstand genommen mit der nach obiger Ausführung zutreffenden Begründung, daß, nachdem das Reichsgericht die Vorschriften des § 826 als Schutzwehr gegen illoyale Handlungen hingestellt habe, eine weitere Aufnahme einer Generalklausel in das Wettbewerbsgesetz überflüssig, ja schädlich sei. Der Entwurf begnügte sich daher, in einem besonderen § 23 die Bestimmungen des Wettbewerbsgesetzes in betreff der öffentlichen Bekanntmachungen und des Erlasses der einstweiligen Verfügungen auf § 826 zu erstrecken.

In der Reichstagskommission dagegen war von Anfang an die Stimmung, und zwar augenscheinlich unter Zustimmung der verbündeten Regierungen für die Generalklausel. Diese solle nach der Begründung, die dem Antrage gegeben war, das ganze Gesetz beherrschen; es handele sich darum, dem im § 826 BGB. ausgesprochenen Grundsatz eine besondere Richtung auf das Gebiet des unlauteren Wettbewerbes zu geben. Es wurde nicht darüber debattiert, ob eine Generalklausel einzufügen sei, sondern im wesentlichen nur darüber, ob neben dem Anspruch auf Unterlassung der Anspruch auf Schadensersatz gegeben werden solle.

In der ersten Lesung der Kommission wurde dieser Anspruch auf Schadensersatz nur dann gegeben, falls der, der die Handlungen vorgenommen hat, die Entstehung des Schadens voraussah oder voraussehen mußte. Dies wurde in der zweiten Lesung gestrichen.

2. Vergl. §§ 16, 18 UWG.: im Gegensatz zu jeder privaten Betätigung (RGStr. **44** 152). Das Geschäftliche muß mit dem Wettbewerbszweck zusammenhängen.

3. Vergl. §§ 14, 17, 20 UWG. Über den Begriff „unlauterer Wettbewerb" vergl. RGZ. **56** 271, **60** 189 und in JW. **1902** 138 Nr. 62, **1904** 563; ferner Rosenthal. Der Wettbewerbszweck erfordert nicht, daß der eigene Geschäftsbetrieb auf Kosten eines bestimmten Mitbewerbers gefördert werden sollte, ebensowenig wie er sich andererseits auf die Forderung eines bestimmten Geschäfts zu beziehen braucht (KG. in OLGR. **30** 259). Eine dem Interesse des gesamten Handwerks dienende Maßnahme ist keine Wettbewerbshandlung (RG. in M. u. W. **14** 74). Vergl. auch § 3.

4. „Den Maßstab für den Begriff der guten Sitten hat der Richter aus dem herrschenden Volksbewußtsein zu entnehmen, dem Anstandsgefühl aller billig und gerecht Denkenden. Hierbei ist es nicht ausgeschlossen, daß auf die Sittenanschauung eines bestimmten Volkskreises, wenn sich in ihr die herrschende Sitte ausprägt, Rücksicht genommen wird, so auf die Anschauung eines ehrbaren Kaufmannes im Handelsverkehr. Damit ist aber nicht zu verwechseln eine im Handelsverkehr tatsächlich aufgekommene Geschäftspraktik, welche möglicherweise nicht sowohl eine Sitte als vielmehr eine Unsitte sein kann." (RGZ. **48** 125, vergl. ferner RGZ. **58** 214, **73** 107.) S. a. § 3 Anm. 16: Verstoß gegen private oder staatliche Verbote ist nicht ohne weiteres identisch mit unlauterer Wettbewerbshandlung. Die Unlauterkeit muß in unmittelbarer Beziehung zu dem Wettbewerbscharakter der Handlung stehen (RGZ. **78** 78, **88** 183).

Ein Handeln gegen die guten Sitten kann auch vorliegen, wenn die Handlung zu einem berechtigten Zweck erfolgt. Abwehr der Konkurrenz ist an sich berechtigt, und bei der Abwehr sind die Grenzen des Erlaubten etwas weiter zu ziehen, jedoch nicht soweit, daß z. B. die Reklame des Gegners noch unter deren Überbietung zum eigenen Vorteil ausgenutzt wird (RGZ. **71** 173, **92** 111, RG. in M. u. W. **17** 110); nicht berechtigt ist die Benutzung unlauterer Mittel hierzu (RG. in M. u. W. **11** 85).

Über einzelne Fälle: Verleitung zum Kontraktbruch (Rosenthal in M. u. W. **10** 83), Preisschleuderei (RG. in GR. u. U. **15** 86), Sperre, Lockartikel (RG. in M. u. W. **10** 36) usw. vergl. Pinner-Eyck S. 3f. Über Sonderrabatte OLG. Dresden in GR. u. U. **16** 242, RGZ. **78** 194, **79** 321; über Boykott durch einen Interessenverband wegen direkter Lieferung ans Publikum OLGR. **25** 343; über Benutzung fremder Geschäftseinrichtungen OLG. Kolmar in M. u. W. **10** 353; über Angebot von Genossenschaften, satzungswidrig an Nichtmitglieder Darlehen zu geben, OLG. Dresden in LZ. **1911**, 318[8]; über Veröffentlichung geschäftlichen Briefwechsels des Konkurrenten mit seinen Kunden OLG. Dresden in LZ. **1911**, 792[2]; über Anwendbarkeit des § 1 bei mißbräuchlicher Benutzung des Warenzeichenrechts Rosenthal in GR. u. U. **15** 172 und RG. in RGZ. **100** 3. Denn auch Name und Ausstattung werden ja im Sinne des Warenzeichenrechts wie im Sinne des Wettbewerbsrechts geschützt. Auch Entfernung von Warenzeichen, ferner Anbringen und Entfernen der originellen Verpackung aus Gründen des Wettbewerbs ist unzulässig, Elster in M. u. W. **18** 23.

Einen oft behandelten Sonderfall bildet die Preisschleuderei mit Markenartikeln, die durch eigenen oder fremden Kontraktbruch ermöglicht wird. Die Rechtsprechung hat hier eine strenge Übung ausgebildet (RG., KG. und OLG. Breslau, Jena, Kiel u. a.), nach welcher — im Sinne der namentlich von Alfred Rosenthal gezeichneten Richtlinien — jede fremde, auch erst mittelbar in Betracht kommende Vertragsuntreue den Tatbestand des unlauteren Wettbewerbs herstellt und das Moment der Unlauterkeit gegeben sein kann, auch wenn kein Wettbewerb vorliegt; gerade der Schleichweg, auf dem die Ware bezogen wird, ohne Rücksicht darauf, ob das unredliche Moment bei einem entfernten Zwischenabnehmer vorliegt, infiziert das Geschäft und macht es sittenwidrig. S. namentlich Rosenthal in LZ. **1915** 1289, in JW. **1915** 227, 465, 734, in GR. u. U. **1915** 32 und 195, Leander in GR. u. U. **1914** 111, Recken in GR. u. U. **1914** 66, Finger in M. u. W. **14** 298 und Entscheidungen: RGZ **88** 9 = JW. **1916** 143[13], in JW. **1915** 465, 734, andere Gerichte in GR. u. U. **1914** 89, **1915** 198 ff.

5. Für die Klage auf Unterlassung (vergl. Anm. 2 zu § 13) ist Nachweis eines besonderen Interesses nicht nötig, es genügt die Zugehörigkeit zu einem der Berufe, die in § 13 bezeichnet sind, oder die Klage eines der dort genannten Verbände. Ein subjektiv schuldhaftes Verhalten ist für keine der Klagen aus § 1 Voraussetzung (so die herrschende Meinung, dagegen für den Schadensersatzanspruch Lobe in M. u. W. **8** 270); Sittenwidrigkeit (Unlauterkeit) sind an sich schon Verschulden genug, so daß es für diesen Tatbestand keines besonderen „Verschuldens" im einzelnen Fall mehr bedarf.

Der Antrag geht dahin: Beklagte zu verurteilen, die ..... Handlung künftig zu unterlassen. Klage auf Beseitigung der Wettbewerbshandlung ist nicht gegeben (Rosenthal, Begriffsbestimmungen).

Über Veröffentlichung des Urteils siehe § 23 Abs. 4.

6. Über Unterlassungsanspruch aus Handlungen Angestellter gegen Chef und Leiter vergl. § 13 Abs. 3.

7. Auf die Klage auf Schadensersatz aus § 1 bezieht sich § 13 nicht; auf Schadensersatz klagen kann daher nur der, der wirklich geschädigt ist. Maßgebend für den Schadensersatz sind die §§ 249 bis 259 BGB., § 287 ZPO.

8. Durch § 1 des Gesetzes hat § 826 BGB. für das Gebiet des unlauteren Wettbewerbs zum Teil seine Bedeutung verloren, da § 1 für dieses Gebiet weiter geht als § 826, der Vor-

satz verlangt. Der § 826 ist aber durch § 1 dieses Gesetzes nicht beseitigt; er bleibt neben § 1 ergänzend stehen (OLG. Hamburg in JW. **1918** 188[5], dort weitere Literatur; ferner Rosenthal in M. u. W. **9** 123; Levy ebd. **11** 42; Salinger in M. u. W. **1916** 1242). Daß § 826 BGB. nicht so weitreichend ist wie § 1 UWG., zeigt u. a. RG. in RGZ. **78** 78, denn ein Interessentenverein, der nicht selbst durch die unlautere Wettbewerbshandlung eines andern geschädigt ist, kann nicht aus § 826 BGB., wohl aber gemäß § 13 UWG. aus § 1 UWG. klagen. Vergl. auch RGZ. **79** 415 und später noch häufig, z. B. **101** 1, OLGR. **35** 277.

Für das Geltungsgebiet des § 1 ist wichtig, was die Begründung zum Gesetz, damals allerdings nur für den § 826 gesagt hat, was aber entsprechend auf den § 1 anzuwenden ist: „Die Bestimmung in § 826 BGB. gibt die Handhabe zum Einschreiten gegen Mißbräuche auf dem Gebiete des Rabatt- und Zugabewesens. Der gleiche Gesichtspunkt trifft bei mannigfachen anderen Tatbeständen zu, deren sich der unlautere Wettbewerb zum Schaden der redlichen Geschäftswelt bedient, um Kundschaft und Absatz zu vermehren. Im Anschluß an die seitherige Gerichtspraxis sind besonders die Fälle des Weglockens von Kunden, die Verleitung zum Kontraktbruch und die Aufnahme kontraktbrüchiger Angestellter zu erwähnen (vergl. Anm. 4). Auch das sogenannte Schleudern (Verkaufen unter dem Preise) gehört unter Umständen hierher. Die Vorschriften der §§ 1 bis 4 des geltenden Gesetzes treffen nur denjenigen, der sich in öffentlichen Bekanntmachungen unwahrerweise einer billigeren Preisstellung rühmt, nicht aber denjenigen, welcher tatsächlich billiger als andere verkauft, auch wenn es zu dem Zwecke geschieht, damit geschäftliche Vorteile zu sichern, insbesondere Kunden zu werben. Das letztbezeichnete Verfahren liegt an sich im Bereiche des zulässigen Geschäftsverkehrs, jedoch würde auch in solchem Falle, wie von der Reichstagskommission anerkannt ist, § 826 Platz greifen, insofern nach den näheren Umständen ein Verstoß gegen die guten Sitten vorliegt."

Die Vorschrift des § 1 stellt im allgemeinen eine Ergänzung zu den sonstigen Vorschriften des Gesetzes dar. Jedes Verhalten zu Zwecken des Wettbewerbs fällt, selbst wenn die in den folgenden Paragraphen angeführten Tatumstände nicht vollständig vorhanden sind, unter § 1, wenn ein Verhalten gegen die guten Sitten vorliegt; aber auch wenn diese Einzeltatbestände vorhanden sind, kann § 1 noch daneben Anwendung finden (RGZ. **79** 321).

9. Zweck des Schutzes gegen unlauteren Wettbewerb ist der lautere Wettbewerb, also in erster Linie der Mitbewerber, erst sekundär das Publikum. Nur der Mitbewerber kann aus dem Grunde des unlauteren Wettbewerbs klagen, das Publikum nur aus dem Grunde des Betrogenwerdens oder des Geschädigtseins (nach § 826 BGB.). Aber auch eine ganze Gruppe von Mitbewerbern kann Objekt der unlauteren Wettbewerbshandlung sein; so ist z. B. die Behauptung, in allen Geschäften, wo Rabattmarken gegeben werden, kaufe man nicht gut, eine sittenwidrige Äußerung (RG. in M. u. W. **13** 563).

§ 2.[1])

Unter Waren im Sinne dieses Gesetzes sind auch landwirtschaftliche Erzeugnisse, unter gewerblichen Leistungen und Interessen auch landwirtschaftliche zu verstehen.[2])

1. Diese bis auf die Worte „und Interessen" bereits im früheren Gesetz enthaltene Vorschrift ist der Deutlichkeit halber in einen besonderen Paragraphen gebracht.

2. Diese Bestimmung ist methodisch von Wichtigkeit für die Erkenntnis des gewerblichen Rechtsschutzes, zu dem auch das Wettbewerbsgesetz gehört. Gewerblicher Rechtsschutz ist der Schutz für geistig-gewerbliche Rechte, und zwar nicht begrenzt auf Gewerbe im Gegensatz zu Landwirtschaft und freien Berufen, sondern für jede gewerbliche Betätigung im weiteren Sinne.

§ 3.

Wer in öffentlichen Bekanntmachungen[1]) oder in Mitteilungen, die für einen größeren Kreis von Personen bestimmt sind[2]), über geschäftliche Verhältnisse[3]), insbesondere über die Beschaffenheit[4]), den Ursprung[5]), die Herstellungsart[6]) oder die Preisbemessung[7]) von Waren[8]) oder gewerblichen Leistungen[9]), über die Art des Bezugs[10]) oder die Bezugsquelle[11]) von Waren, über den Besitz von Auszeichnungen[12]), über den Anlaß oder den Zweck des Verkaufs[13]) oder über die Menge der Vorräte unrichtige Angaben[14])[15]) macht, die geeignet sind, den Anschein[16]) eines besonders günstigen Angebots hervorzurufen, kann auf Unterlassung der unrichtigen Angaben in Anspruch[17]) genommen werden.

1. Öffentliche Bekanntmachung ist jede Veröffentlichung, die zur Kenntnis einer unbestimmten, prinzipiell unbegrenzten Menge von Personen bestimmt ist und gelangen kann, ohne Rücksicht darauf, ob sie im einzelnen Falle zur Kenntnis einer größeren Anzahl von Personen gelangt ist. Die Bekanntmachung oder Mitteilung kann durch Wort, Bild (z. B. durch zeichnerische Wiedergabe der Fabrik auf Briefbogen, OLGR. **27** 274) oder Schrift, mündlich (durch Ausruf), schriftlich (durch Briefe oder Rundschreiben) oder durch Druckschrift bezw. durch irgendwelche mechanische Vervielfältigung im Druck erfolgen; aber auch z. B. durch Mitteilungen am Laden, im Schaufenster, auf dem Straßenpflaster; sogar auf der Ware selbst usw. (vergl. im einzelnen Pinner-Eyck S. 23). Auch Mitteilungen durch die Fachpresse fallen unter die Bestimmung (RGStr. **26** 194).

Bei der Beurteilung, ob eine Ankündigung, durch welche Waren angeboten und angepriesen werden, im Sinne des vorstehenden Paragraphen unrichtige Angaben über geschäftliche

Verhältnisse, Preisbemessungen u. dergl. enthält, welche den Anschein eines besonders günstigen Angebots hervorzurufen geeignet sind, kann es nicht auf eine möglichst enge, sich streng an die gebrauchten Ausdrücke haltende Auslegung, auch nicht auf die Absicht des Ankündigenden, sondern wesentlich nur auf die Auffassung des lesenden (d. h. nicht des besonders genau, aber auch nicht des besonders flüchtig und nur die Anzeigen überfliegenden [vergl. RG. in GR. u. U. **1911** 80]) Publikums ankommen, zu dessen Täuschung die Ankündigung objektiv geeignet sein muß. Vergl. RGZ. **58** 129 und 293, **83** 384, **96** 298, **99** 28, RGStr. **40** 438 und JW. **1906** 40, **1902** 547, 138, **1904** 395, **1901** 13, **1907** 527. Die Angaben sind nach ihrer Gesamtwirkung zu prüfen (RGStr. **44** 143).

Die Frage, ob die in einer Zeitung veröffentlichte Bekanntmachung über eine künftige Veranstaltung unrichtige Angaben im Sinne des § 3 enthalte, ist nicht lediglich nach dem Zeitpunkt des Erscheinens des betreffenden Zeitungsblattes zu beurteilen; die Bekanntmachung dauert vielmehr bis zum Zeitpunkt des Entfernens des Plakats oder bis zum Ablauf der in der Ankündigung für die Veranstaltung bestimmten Zeit. Vergl. RGZ. **46** 53.

2. Mitteilungen, die für einen größeren Kreis von Personen bestimmt sind: z. B. auch „individuell gestaltete“ Vertragsanträge an viele Interessenten (RG. in M.u.W. **15** 231); verschlossene Briefe, die an mehrere beliebige Personen gehen (OLG. Düsseldorf in GR. u. U. **1916** 71); Etiketten (RG. in JW. **1898** 393, **1904** 247); auf Kassenbons (RGStr. **49** 230); Kapselverschlüsse, Korkbrände (OLG. Zweibrücken in LZ. **1909** 797); Hüllen, in denen Photographien verschickt werden (RGStr. **40** 132); Einprägungen auf Einmachgläsern (Sächs. Arch. f. Rpfl. **1921** 21). Es macht also keinen Unterschied, ob die einzelne Ankündigung etwa nur einem Empfänger zu Gesicht kommt (Empfehlungskarten, Kassenbons im Gegensatz zu Plakaten; RGStr. **49** 230).

3. Geschäftliche Verhältnisse. Diese schon in das Gesetz von 1896 aufgenommene Verallgemeinerung, die Generalklausel des früheren Gesetzes, die sich im Gegensatz zum jetzigen Gesetz nur auf die Reklame bezog, umfaßt alle nur möglichen Umstände, unter deren Bezugnahme die Anpreisung erfolgt. Sie ist so weit wie möglich zu interpretieren; sie kann sich auf die Entstehung, das Alter (RG. in LZ. **1909** 166), den Erwerb, den Umfang (so z. B. auf öffentliches Ausschreiben angeblich zahlreicher offener, tatsächlich nicht vorhandener oder nicht zu besetzender Stellen oder größere bildnerische Darstellung des Unternehmens auf Briefbogen), den Absatz, die Bedeutung, den Ruf, den Kundenkreis des Geschäftes beziehen, so daß namentlich mit Rücksicht auf das verbindende Wort „insbesondere" die nachfolgenden Umstände nur als erläuternde Beispiele zu behandeln sind. Auch die Bezeichnung des Unternehmens als Fabrik oder als „Werk", wenn z. B. nur ein Arbeiter oder nur kleine Handmaschinen im Betriebe sind, gehört zu solchen unrichtigen Angaben (OLGR. **27** 270, **34** 152, RG. in GR. u. U. **1914** 286, in M. u. W. **15** 23). Über den Begriff „Fabrik" vergl. RG. in JW. **1905** 58 und RGStr. **44** 258; OLG. Breslau in M. u. W. **11** 56 („Möbelfabrik"). Über „Fabrikant" RG. in JW. **1901** 657 und RGStr. **36** 430; über „Bank", „Bankier" Wertheimer in GR. u. U. **1911** 67 und das dort zitierte Erk. des LG. Halle; „Atelier" RG. in M. u. W. **15** 26. „Die nach den Vorschriften des HGB. erlangte formelle Befugnis zur Firmenzeichnung berechtigt nicht, sie im geschäftlichen Verkehr zu Zwecken des Wettbewerbs in einer Weise zu verwenden, die gegen die guten Sitten verstößt, insbesondere mit der Firma unlautere Reklame zu treiben" (RG. in GR. u. U. **1920** 63). Unzulässig ist die unrichtige Benennung als Generalvertreter, als Treuhandgesellschaft (für eine bloße Baufirma), als Verein (für eine G. m. b. H., wenn nicht ein Verein der Inhaber ist), OLGR. **25** 345, **30** 297, **25** 355. Dagegen darf sich ein Bücherrevisor, der Treuhandgeschäfte wirklich betreibt, folgerichtig „Treuhänder" nennen; daß er subjektiv dazu qualifiziert ist, kann nicht als Rechtsgrund der objektiv richtigen

Benennung gefordert werden (RGZ. **99** 23). „Konsumfabrik" als Anschein besonders günstigen Angebots: RG. in JW. **1906** 258, „Alleinvertreter": RG. in LZ. **1907** 224.

Auch die unrichtige Bezeichnung einer Zeitschrift als „amtliches Organ" oder als „städtischer Anzeiger" (RGZ. **88** 306) wird unter „geschäftliche Verhältnisse" zu stellen sein.

4. Beschaffenheit (vergl. Warenzeichengesetz §§ **4**, 13, wo derselbe Ausdruck vorkommt) drückt die äußeren und inneren, körperlichen und unkörperlichen Eigenschaften, die bei Würdigung ihrer Brauchbarkeit in Betracht kommen (RGStr. **33** 442), namentlich auch die Herstellungsart und Zusammensetzung der Ware aus. Unrichtige Angaben über die Beschaffenheit liegen z. B. vor, wenn als wollene Stoffe halbwollene, als seidene halbseidene, als goldene golddoublierte oder -plattierte Waren bezeichnet werden. „Leinen garantiert vierfach" (RGZ. **58** 281); „reinseiden (RGStr. **70** 439); „Fabrikarbeit und Handarbeit" (RG. in M. u. W. **10** 163); „chemisch rein" (RG. in M. u. W. **10** 217); „schmerzlose Zahnbehandlung" (RG. in M. u. W. **15** 24); „mottensicher", wenn dies nur bei sorgfältiger Reinigung zutrifft (RG. in M. u. W. **15** 25).

Auch die Bezeichnung tatsächlich minderwertiger Ware als „Primaware" ist unzulässig.

Es werden hier überhaupt Vorspiegelungen falscher Tatsachen getroffen, die wegen mangelnder Vermögensbeschädigung den Tatbestand des Betruges nach § 263 StrGB. ausschließen.

In Angaben über schlechte Beschaffenheit der Ware eines Konkurrenten kann indirekt die Angabe über die Beschaffenheit der eigenen Ware liegen (RG. in JW. **1901** 211[4] und in M. u. W. **10** 219).

5. Ursprung. Dies ist neu in das Gesetz hereingekommen. Es soll Tier- und Pflanzenzüchtern erhöhter Schutz gewährt werden. Vergl. Lobe in M. u. W. **8** 118. Auch Herkunftbezeichnung kann darunter verstanden werden; vergl. § 5 Anm. 4.

6. Herstellungsart verweist auf die Unterschiede bei der Gewinnung, Ver- und Bearbeitung der Rohstoffe zu Waren, ob sie mittelst Handarbeit oder in Fabrik (RG. in JW. **08** 602), ob mit oder ohne Maschinen, ob in freien Werkstätten oder in Strafanstalten hergestellt oder ob sie als Natur- oder Kunstprodukt anzusehen sind (RG. in JW. **1904** 479).

7. Preisbemessung ist die Festsetzung des Wertes, welchen die Ware für den Käufer haben soll (RGStr. **1** 266). Der Wert der Ware kann ein subjektiv relativer oder ein objektiv absoluter sein, sofern auf die Neigungen, Wünsche und Bedürfnisse des Käufers Rücksicht genommen wird oder nicht. Die Preisbemessung unterliegt lediglich dem freien Ermessen des Verkäufers, sie fällt aber in den Bereich unlauteren Wettbewerbes, sofern sie einen Irrtum über den sonst üblichen höheren Preis der Ware hervorruft (RGStr. **37** 266), also wenn z. B. Waren mit niedrigeren Preisen ausgeboten oder ausgelegt als später verkauft werden (RG. in JW. **1905** 507). Über „reeller Wert" vergl. RGStr. **37** 267 und in JW. **1903** 147. Über „Selbstkostenpreis" RG. in JW. **1916** 273[15]. Die Ankündigung eines Verkaufs zu „Originalfabrikpreisen" erfordert Einhaltung der Preise der Fabrik, zu denen diese ans Publikum verkauft; verkauft die Fabrik überhaupt nicht ans Publikum und nimmt der Ankündigende zu dem Original-Wiederverkäuferpreis der Fabrik einen Aufschlag, so ist die Ankündigung irreführend gewesen und mithin unlauter (RG. in JW. **1914** 200[16], s. auch JW. **1915** 805 und GR. u. U. **1914** 287).

8. Ware ist „jedes Erzeugnis, das Gegenstand des Handelns sein kann" (RG. in JW. **1897** 212), oder (KG. in DJZ. **1898** 250) „jedes Erzeugnis, das aus einem auf Gewinn abzielenden Unternehmen im Bereich der Produktion oder des Handels in den wirtschaftlichen Verkehr gebracht wird".

9. Unter gewerblichen Leistungen oder Arbeiten sind die Erzeugnisse menschlicher Tätigkeit auf dem Gebiete des gewerblichen Lebens, die wirtschaftlich abschätzbar sind,

anzusehen. Im übrigen ist unter Gewerbe jede auf Erzielung eines Erwerbes gerichtete Berufstätigkeit zu verstehen, gleichgültig, ob es konzessioniert oder besteuert ist, ob es der Gewerbetreibende selbständig oder als Angestellter betreibt. Als Gewerbetreibender ist also nicht allein der Kaufmann und Handwerker, sondern auch der Fabrikant, der Landwirt, der Gärtner sowie der Arzt (RGZ. **74** 169), Apotheker, Rechtsanwalt (RGZ. **99** 190), Drogist, Buchhändler usw. anzusehen.

Auch auf öffentliche Ankündigungen der Übernahme von Krankheitsheilungen und der Befähigung zu solchen seitens der Kurpfuscher ist der § 3 anzuwenden, falls tatsächlich eine solche Befähigung dem Täter abgeht. (Über Doctor of dental surgery vergl. RG. in JW. **1907** 846 und **1904** 362; über die Bezeichnung „Spezialarzt" RG. in JW. **1908** 249; über Dr. chir. dent. RG. in JW. **1904** 343; über geprüfter Zahntechniker RG. in JW. **1907** 86; über „in Amerika approbierter Zahnarzt" RG. in DJZ. **1911** 705.) Zur Stellung von Anträgen gegen Kurpfuscher sind die Ärztekammern in Preußen auf Grund der Verordnung vom 27. Mai 1887 (GS. S. 169) berechtigt, denn sie haben die Eigenschaft eines Verbandes im Sinne des Gesetzes § 13. Vergl. RGStr. **35** 268. Benennung des Leiters eines Heilinstituts als Dr., der nicht Dr. med. ist, wird als Irreführung angesehen (RG. in M. u. W. **20** 22). Ähnlich RG. in M. u. W. **15** 126.

10. Art des Bezuges kann verschieden sein, je nachdem die Ware z. B. vom Fabrikanten oder Produzenten, mit eignen oder fremden Transportmitteln, zu Land oder zu Wasser (z. B. bei Tee), durch eigene direkte Verbindung mit dem Herstellungs- oder Herkunftsort, mit oder ohne Umladung usw. bezogen ist. Siehe auch Anm. 3.

11. Bezugsquelle bedeutet den rein geschäftlichen Hinweis auf die Herkunft der Ware. Darüber, daß auch Bezeichnungen geographischen Charakters getroffen werden, vergl. die eingehende Ausführung bei Pinner-Eyck S. 42. Über

Herkunftsbezeichnung als Sortenname vergl. § 5 Abs. 1 (Anm. 4).

Eine unrichtige Bezugsquellenangabe liegt vor, wenn die angepriesene Ware z. B. aus Havarie, Brand, Konkurs (vergl. § 6), Nachlaß, infolge plötzlichen Todesfalls, Umzugs-, Wohnungs- oder Wohnortswechsels des Vorbesitzers erworben sein soll. Vergl. hierzu auch RGStr. **9** 171.

12. Unter Auszeichnungen sind nicht allein Orden und andere Ehrenzeichen, deren unbefugtes Tragen bereits nach § 300 Nr. 8 StrGB. verboten ist, sondern namentlich die anläßlich gewerblicher Ausstellungen und Preisausschreibungen verliehenen Medaillen (RGZ. **63** 256) und Diplome sowie auch behördliche Belobigungs- und Anerkennungsschreiben zu verstehen. Für den Begriff Auszeichnung ist wesentlich, daß sie von zuständiger Seite nach wirklicher Prüfung als ernstgemeinte Anerkennung verliehen ist, RG. in JW. **1908** 603, daß sie nicht wieder entzogen ist, RGZ. **80** 293. Über Ausstellungsschwindel vergl. RG. in JW. **1907** 317 und RGStr. **41** 161. Über „patentiert" vergl. § 40 PatGes. und OLG. Hamburg in M. u. W. **7** 145 sowie RGStr. **38** 244, **41** 81, **41** 163, **49** 230, RGZ. **84** 195. Über „gesetzlich geschützt" LG. Krefeld in M. u. W. **9** 66; über „gerichtlich vereidigter Bücherrevisor" RG. in DJZ. **1900** 302.

Die Angabe über den Besitz von Auszeichnungen kann einen Verstoß gegen die Bestimmungen des vorstehenden Paragraphen auch enthalten, wenn entweder der Betrieb, der Inhalt eines Geschäftes ganz ein anderer geworden ist, als er zur Zeit der Verleihung der Auszeichnung war, oder wenn ein Wechsel in der Person des Geschäftsinhabers eingetreten ist. Der Wahrheitsgedanke, der dem Gesetz gegen den unlauteren Wettbewerb zugrunde liegt, würde sonst verletzt (Elster, Grundriß des gew. Rechtsschutzes § 58). Im Falle des Besitzwechsels wird man demgemäß zu unterscheiden haben, ob die Auszeichnung an eine natürliche oder an eine juristische Person verliehen worden ist: Der Rechts- und Besitznachfolger einer natürlichen Person hat den Besitz und die Führung der Auszeichnung als eines höchstpersönlichen Rechtes zu unterlassen, unbeschadet des Rechts, in der Firma oder im Firmenschilde des Besitzvorgängers und der demselben zuteil gewordenen Auszeichnung zu gedenken; der Rechtsnachfolger einer juristischen Person aber darf diese auch bei irgendwelchem Wechsel in der Person ihrer Vertreter oder Inhaber führen, sofern nur nicht ein Wechsel in dem Gegenstande des Geschäftsbetriebes eintritt. (Vergl. auch OLG. Hamburg in OLGR. **14** 149.)

13. Anlaß oder Zweck des Verkaufs bilden die äußere Ursache oder den inneren Grund der Veräußerung. Der Anlaß kann ebenso verschieden sein wie der vermeintliche Zweck, wenn wegen Aufgabe, Verlegung oder Änderung des Geschäfts und der Geschäftsräume oder wegen Konkurses, Brand- und anderen Schadens oder wegen Todesfalles, erbteilungshalber, umzugshalber zu einem verhältnismäßig niedrigen Preise Waren (schleunigst) verkauft werden sollen. Vergl. hierzu auch RGStr. **33** 441. Über Ausverkäufe s. §§ 7 ff.

Über „Gelegenheitskauf“, „Verkauf Umstände halber“, „Verkauf unter dem Preis“ RG. in M. u. W. **11** 7 und LG. Barmen in M. u. W. **10** 258; s. auch §§ 7 und 8.

14. Angaben. Das Gesetz von 1896 enthielt hinter dem Worte „Angaben“ die Worte „tatsächlicher Art“. Die Begründung zu dem Gesetz von 1909 führt aus, „daß in den beteiligten Kreisen der Wunsch lautgeworden sei, die Worte „tatsächlicher Art“ zu streichen. Es könne zugegeben werden, daß in den ersten Jahren nach dem Inkrafttreten des Gesetzes die Urteile der unteren Gerichte bei der Auslegung der Bestimmungen in §§ 1, 4 durch eine nachsichtige Beurteilung eingewurzelter Geschäftsgepflogenheiten der Absicht des Gesetzes nicht immer gerecht geworden seien. Hierin sei aber in den letzten Jahren ein entscheidender Wandel eingetreten. Es sei ein anerkannter Satz der heutigen Rechtsprechung, daß von der Vorschrift des Gesetzes die Angaben nicht nur dann getroffen werden, wenn sie reine Tatsachen enthalten, sondern auch schon dann, wenn sie tatsächlicher Art sind, das heißt nämlich wenn es sich um Urteile handele, die auf bestimmten Tatsachen beruhen. Mehrfach habe das RG. ausgesprochen, daß das Gesetz auch auf Angaben, die sich in Form subjektiver Urteile kleiden, Anwendung finde, sobald sich die Richtigkeit oder Unrichtigkeit des Behaupteten objektiv feststellen lasse, und ferner, daß bei der Beurteilung des Inhalts der Anpreisung nicht die Absicht oder die Auffassung des Täters, sondern die Auffassung des jedesmal in Betracht kommenden Publikums entscheide. Demnach ließe sich ein Bedürfnis, die zulässige Reklame über die bisherigen Grenzen hinaus einzuengen, nicht anerkennen. . . . Eine solche Maßregel würde weder der modernen Entwickelung des Geschäftslebens Rechnung tragen noch auch selbst den Interessen des redlichen Geschäftsmannes entsprechen, der in dem zunehmenden Wettbewerbe seine Waren oder Leistungen dem Publikum in gewohnter Form anpreisen wolle. Es wird nicht ohne Grund besorgt, daß eine Verschärfung der gegen die Reklame erlassenen Vorschriften schließlich der unlauteren Konkurrenz die Handhabe bieten würde, die schwächeren und ungeübten Kreise der Erwerbsgenossen mit der Geltendmachung der erleichterten Rechtsbeihilfe zu bedrohen."

Trotzdem hat die Reichstagskommission beschlossen, die Worte „tatsächlicher Art" zu streichen. Es wurde geltend gemacht, die beiden Worte seien überflüssig. Eine reine marktschreierische Reklame, bloße Werturteile usw., würde auch beim Fehlen dieser Worte nicht unter § 3 fallen, weil dort immerhin „Angaben" verlangt werden. *Der Begriff „Angaben" fordere schon an sich etwas Tatsächliches.*

Nachdem die Worte „tatsächlicher Art" demnach gefallen sind, verlangt der Paragraph lediglich „Angaben". Man wird sich der in der Kommission hervorgehobenen Ansicht, daß Angaben im Gegensatz zu bloß allgemeinen Urteilen zu verstehen sind, anschließen und eine lediglich allgemeine Reklame, die nichts Tatsächliches enthält, sondern nur ein subjektives Urteil gibt, als Angabe im Sinne des Gesetzes nicht erachten; immerhin ist, nachdem ausdrücklich die Worte „tatsächlicher Art" gestrichen sind, das Gebiet des Paragraphen wohl ein etwas weiteres als bisher (a. M. Rosenthal). Dies hängt dann innerlich zusammen mit dem Begriff Tatsachen in § 14, fordert also Nachprüfbarkeit (s. § 14 Anm. 5).

15. Unrichtig müssen die Angaben sein, d. i. unbewußt unrichtig (RGZ. **46** 23); sind sie dagegen wissentlich unrichtig, dann greifen die Bestimmungen des § 4 Platz. Unrichtig ist die Angabe, welche ernstlich gemeint ist und den tatsächlichen Verhältnissen nicht entspricht. Aber nicht jede Unrichtigkeit ist hier von Wichtigkeit. Hat die unrichtige Angabe gar keine Beziehung zum Wettbewerbsgedanken oder ist sie ohne jede Wirkungsmöglichkeit („geeignet, den Anschein eines besonders günstigen Angebots zu erwecken"), so kommt sie nicht in Betracht (vergl. z. B. OLGR. **25** 346). Das ist das notwendige Gegenstück zu dem Grundsatz, daß unrichtig die Angabe aber andererseits dann ist, wenn zwar der Wortlaut an sich nichts Falsches enthält, die Fassung und Art der Bekanntmachung aber eine andere (unrichtige) Auffassung des Publikums veranlaßt, wobei auch der Maßstab des einigermaßen flüchtigen Lesers anwendbar ist (RGStr. **40** 439, **47** 204, **48** 101, **50** 15, OLGR. **32** 253, RG. in JW. **1915** 1361[8], in M. u. W. **13** 559, **15** 355). Es können daher auch dem Wortlaut nach richtige Angaben im Sinne des § 3 unrichtig sein. Dahin gehört auch das Verschweigen von Tatsachen, deren Angabe für die Wettbewerbshandlung wesentlich wäre (RGZ. **96** 243, RGStr. **45** 376, **46** 275, RG. in M. u. W. **19** 110, OLGR. **25** 348, **27** 277, **32** 253). RG. in JW. **1915** 34[18] sagt: „Der objektive Inhalt einer an einen bestimmten Leserkreis gerichteten Mitteilung ist dasjenige, was diese Leser bei ungekünsteltem Verhalten daraus entnehmen, nicht aber, was eine künstlich einschränkende Wortauslegung, an die kein Unbefangener denkt, ergibt. Vergl. im übrigen Elster, Grundriß des gewerblichen Rechtsschutzes § 58 und oben Anm. 12. Grundsätzlich ausschlaggebend ist die Wirkungsmöglichkeit (s. folg. Anm.), nicht aber, ob der Kauflustige an Ort und Stelle hätte sehen können, um was es sich handelte (z. B. Verkauf im Geschäft statt aus Privathand).

Auch der etwaige gute Glaube, in welchem die Angaben gemacht sind, schützt nicht vor der hier behandelten Unterlassungsklage (RGZ. **46** 54, **60** 6). Über die sehr häufigen Verschleierungen der falschen Angaben vergl. Pinner-Eyck S. 33.

16. Es genügt, daß durch die Angabe der Anschein eines für das kauflustige Publikum (RG. in M. u. W. **10** 126) besonders, d. i. den sonstigen jeweiligen geschäftlichen Verhältnissen, Angeboten und Nachfragen (RG. in JW. **1904** 563) sowie Preisen gegenüber günstigen Angebots ermöglicht wird; daß dieser Anschein in Wirklichkeit hervorgerufen ist, ist nicht erforderlich (RGStr. **35** 235, **38** 372, **39** 169, **44** 144, **47** 280, RGZ. **92** 382, **93** 189, **96** 298). Denn der Zweck des § 3 geht „nicht sowohl dahin, das Publikum gegen Übervorteilungen zu sichern, als vielmehr dahin, den redlichen Mitbewerber vor Nachteilen zu schützen, die ihm durch unrichtige Reklame zugefügt werden".

Bei der Frage, ob ein besonders günstiges Angebot vorliegt, kann auch eine beim Publikum vorhandene Kenntnis von Umständen berücksichtigt werden (RGZ. **58** 281, **66** 171). Auch bei der Beurteilung, ob eine Benennung richtig ist, kommt es auf die Durchschnittsauffassung des jeweils maßgebenden Publikums an (RGStr. **40** 438, **44** 258). Handelsmißbrauch kann unrichtige Angaben nicht zu richtigen machen, wohl aber kann diese Wirkung eintreten, wenn die an sich falsche Bezeichnung sich als Gattungsbezeichnung eingebürgert hat (RGStr. **48** 40, RG. in JW. **1914** 708 [77], RGZ. **99** 131). Der Anschein braucht kein falscher zu sein (RGStr. **39** 169, **40** 122 und RG. in M. u. W. **10** 126).

17. Die Inanspruchnahme ist hier nur eine zivilrechtliche und kann sowohl auf Unterlassung der unrichtigen Angaben (über Unterlassungsklage vergl. Anm. 2 zu § 13) als auch auf Ersatz des verursachten Schadens (§ 13 Abs. 2) gerichtet werden. Letzterer Rechtsbehelf tritt aber nur dann ein, wenn der, der die Angaben gemacht hat, die Unrichtigkeit kannte oder kennen mußte. Die erste Klage ist also eine viel weitergehende und hat zu ihrer Voraussetzung nur die Tatsache der Aufstellung unrichtiger Angaben seitens des später Beklagten; ob dieser wissentlich oder unbewußt, vorsätzlich oder unabsichtlich gehandelt hat, ist gleichgültig. Es genügt zum Tatbestande der Klage, daß der Beklagte unrichtige geschäftliche, den Anschein eines besonders günstigen Angebots möglicherweise erweckende Angaben über eine Ware usw. gemacht. Verschulden ist nicht nötig (RGZ. 46 51).

§ 4.

Wer in der Absicht, den Anschein[1]) eines besonders günstigen Angebots hervorzurufen[2]), in öffentlichen Bekanntmachungen oder in Mitteilungen, die für einen größeren Kreis von Personen bestimmt sind, über geschäftliche Verhältnisse[3]), insbesondere über die Beschaffenheit, den Ursprung, die Herstellungsart oder die Preisbemessung von Waren oder gewerblichen Leistungen, über die Art des Bezugs oder die Bezugsquelle von Waren, über den Besitz von Auszeichnungen, über den Anlaß oder den Zweck des Verkaufs oder über die Menge der Vorräte wissentlich[4]) unwahre und zur Irreführung geeignete Angaben[5])[6]) macht, wird mit Gefängnis bis zu einem Jahre und mit Geldstrafe bis zu fünftausend Mark oder mit einer dieser Strafen bestraft.[7])

Werden die im Abs. 1 bezeichneten unrichtigen Angaben in einem geschäftlichen Betriebe von einem Angestellten oder Beauftragten gemacht, so ist der Inhaber oder Leiter des Betriebs neben dem Angestellten oder Beauftragten strafbar, wenn die Handlung mit seinem Wissen geschah.[8])[9])[10])

1. Das Wort „Anschein“ zwingt nicht zu der Auslegung, daß der hervorzurufende Anschein ein falscher sein muß (Anm. 16 zu § 3). Die Nachteile für den redlichen Mitbewerber, dessen Schutz das Gesetz bezweckt, können selbst dann entstehen, wenn der Anbietende den Abnehmern tatsächlich die in Aussicht gestellten Vorteile bietet (RGStr. **35** 235, **39** 169, **47** 280, RG. in M. u. W. **14** 14.

2. Die Absicht muß auch als vorliegend angenommen werden, wenn der Anpreisende eine Irreführung des Publikums nur für möglich hält. (Vergl. Rosenthal Note 27 zu § 8).

Auch auf öffentliche Ankündigung der Übernahme von Krankheitsheilungen und der Befähigung zu solchen ist der § 4 des Ges. anwendbar, falls tatsächlich eine solche Befähigung (wie bei allen Kurpfuschern) dem Täter abgeht (RGStr. **35** 268). Vergl. auch das zu § 3 hierüber Gesagte.

3. Geschäftliche Verhältnisse. Diese allgemeine Klausel war im früheren Gesetz nur in § 1 (zivilrechtliche Verfolgung) enthalten. Dies ist jetzt geändert und es ist nunmehr alles strafrechtlich verfolgbar, was zivilrechtlich verboten ist, immer vorausgesetzt, daß eine wissentliche Verletzung vorliegt. Über den Begriff „Geschäftliche Verhältnisse“ s. Anm. 3 zu § 3.

4. Also Fahrlässigkeit genügt nicht. Nicht nötig zur Strafbarkeit ist es aber, daß der Wille des Täters auf die Täuschung des ganzen Publikums in seiner völligen Unbegrenztheit geht (RGStr. **40** 439).

5. Über die einzelnen Punkte, auf welche sich die Angaben beziehen, vergl. die Anmerkungen zu § 3. Über bildliche Darstellungen vergl. § 5 Abs. 2. Was zur Irreführung geeignet erscheint, bestimmt sich nach dem Verständnis der Kreise, an die sich die Angabe wendet (RG. in JW. **1908** 370); es genügt, wenn ein Teil des Publikums irregeführt wird (RGStr. **36** 377). Ob etwas zur Irreführung geeignet erscheint, ist Tatfrage (RG. in JW. **1904** 480 und 128). S. namentlich auch Anm. 15 zu § 3.

6. Die Worte „tatsächlicher Art“ des früheren Gesetzes sind hier wie in § 3 gestrichen, s. Anm. 14 zu § 3, so daß auch jetzt der zivilrechtliche und der strafrechtliche objektive Tatbestand sich nicht unterscheiden.

7. Die Straftat des unlauteren Wettbewerbes ist nach § 1 Abs. 2 StrGB. ein Vergehen. Nach § 22 d. G. tritt ihre Verfolgung nur auf Antrag ein; zur Stellung des Antrages sind gemäß § 22 auch die dort bezeichneten Verbände berechtigt.

Ob eine fortgesetzte Handlung oder mehrere Einzelhandlungen vorliegen, hängt von der Einheitlichkeit des Entschlusses ab (RGStr. **36** 44, **47** 201).

Die Strafverfolgung tritt ein im Wege der Privatklage. Die Staatsanwaltschaft ist zur Erhebung der öffentlichen Klage nur berechtigt, wenn dies im öffentlichen Interesse liegt. Über Privatklage und staatsanwaltliche Einschreitung vergl. § 22.

Was die Strafe betrifft, so war im früheren Gesetz nur Geldstrafe und nur im Wiederholungsfalle Gefängnis angedroht. Jetzt ist auch schon bei der ersten Verfehlung eine Freiheitsstrafe angedroht und die Geldstrafe, die früher im Höchstbetrage 1500 M. betrug, auf 5000 M. erhöht.

Die Begründung zum Entwurf sagt, daß eine solche Verschärfung der Strafvorschrift durch die Wahrnehmung gerechtfertigt wird, daß die von den Gerichten verhängten Strafen in der Mehrzahl der bekanntgewordenen Fälle niedriger ausgefallen sind, als der Schwere der begangenen Rechtsverletzung entspricht.

Die Verurteilung kann bekanntgemacht werden, gleichgültig, auf welche Strafart erkannt ist. Vergl. Näheres hierüber § 23 dieses Gesetzes.

8. Angestellter oder Beauftragter. Der Entwurf hatte die Bestimmung in Abs. 2 nicht, sie ist erst in der Reichstagskommission in das Gesetz hereingekommen, obgleich darauf hingewiesen war, daß man mit den Rechtskategorieen der Anstiftung und Beihilfe auskommen könne (die selbstverständlich neben der jetzigen Straftat bestehen bleiben, RG. in M. u. W.

10 162). Nach der jetzigen Bestimmung ist der Inhaber oder Leiter haftbar, d. h. nach der Auslegung eines Vertreters des Reichsjustizamts in der Kommission der strafrechtlich verantwortlich gemachte Alleininhaber von Geschäften und die verantwortlichen Leiter (Direktoren von Aktiengesellschaften, Geschäftsführer von Gesellschaften mit beschränkter Haftung); die Haftung der Inhaber und Leiter ist jedoch darauf beschränkt, daß die Handlung der Beauftragten oder Angestellten mit ihrem Wissen geschehen sei (RGStr. **46** 275).

Die Bestimmung ist dem § 151 der Gewerbeordnung nachgebildet (Lit. Weiß in M. u. W. **10** 46).

Über zivilrechtliche Haftung vergl. § 13 Abs. 3.

9. Verjährung tritt in fünf Jahren ein (§ 67 StrGB.). Über Verjährung von Preßdelikten vergl. § 22 Preßges.

10. Über Bestrafung bei Verletzung des § 4 durch Zeitungsreklame vergl. Pinner-Eyck S. 57.

§ 5.[1])

Die Verwendung von Namen, die im geschäftlichen Verkehre[2]) zur Benennung gewisser Waren oder gewerblicher Leistungen[3]) dienen, ohne deren Herkunft bezeichnen[4]) zu sollen, fällt nicht unter die Vorschriften der §§ 3, 4.

Im Sinne der Vorschriften der §§ 3, 4 sind den dort bezeichneten Angaben bildliche Darstellungen und sonstige Veranstaltungen[5]) gleichzuachten, die darauf berechnet[6]) und geeignet sind, solche Angaben zu ersetzen.

1. Dieser Paragraph ist aus Abs. 3 bis 4 des früheren § 1 mit geringfügigen Änderungen als besonderer Paragraph in das neue Gesetz herübergenommen; die Gleichstellung der bildlichen Darstellungen mit Angaben ist auf die strafrechtliche Vorschrift des § 4 ausgedehnt.

2. Früher „nach dem Handelsgebrauch". Über den Begriff „geschäftlicher Verkehr" s. Anm. 2 zu § 1 und §§ 16, 18.

3. Die Hinzufügung der gewerblichen Leistungen ist neu und ist erfolgt, weil auch bei diesen eine Umwandlung von Herkunftsbezeichnung in Gattungsnamen möglich ist.

4. Über Herkunftsbezeichnungen vergl. Finger in M. u. W. **7** 201, **17** 74, Niebour ebd. **19** 20. Die Schwierigkeit der hier auftauchenden Probleme, die eine lange Geschichte in der Judikatur haben, liegt darin, daß Herkunftsbezeichnung meist zugleich eine Beschaffenheits- oder Gattungskennzeichnung ist und diese Begriffe ineinander übergehen, auch oft durch die zeitliche Entwicklung sich ändern. Namentlich bei Bier-, Wein- und Tabaksorten ist das akut geworden; vergl. darüber Pinner-Eyck S. 60, auch Ges. v. 7. April 1909 und Versailler Friedensvertrag Art. 275 (s. unten § 28 Anm. 7). Die Pilsener (und Münchener) Bier-Frage hat die Gerichte vielfach beschäftigt. Das Reichsgericht läßt „Pilsener" zur Gattungsbezeichnung werden, wenn eine deutliche andere örtliche Herkunftsbezeichnung hinzugesetzt ist (Radeberger, Berliner, Elberfelder Pilsener). Auch dies ist bedenklich, da auf diesem Wege ein Präjudizium für die Verwässerung von Herkunftsbezeichnungen und für ein Spiel mit Ortsangaben geschaffen wird. Vergl. RGZ. **79** 250, RG. in JW. **1914** 203[19], 708[77], 768[13], in M. u. W. **13** 266 ff., in GR. u. U. **1914** 82, **1915** 98 und zusammenfassend kritisch Dunkhase in M. u. W. **15** 115. Siehe auch § 3 Anm. 5 und § 16 Anm. 2. Vergl. ferner OLGR. **35** 273, RGStr. **47** 417, RG. in JW. **1915** 1361[8]: „Braunschweiger Wurst" keine Gattungsbezeichnung, desgl. „echt englisch Cheviot".

5. Veranstaltungen sind „in die äußere Erscheinung tretende Kundgebungen" (RG. in JW. **1901** 255[16]). Hierunter kann auch die Aufnahme von Inseraten aus fremden Zeitungen („Füllinserate") fallen (RG. in JW. **1901** 255 und RGZ. **73** 267, RGStr. **46** 427 sowie Boenigk in GR. u. U. **1910** 114). Besondere Heraushebung und Druckausstattung, durch die eine

Angabe irreführend wird, gehört ebenfalls hierher (RGStr. **47** 203, **50** 15, JW. **1914** 768[13]). Über „Veranstaltungen" bei Ausverkäufen s. § 7 Anm. 2.

6. Es ist also bei Veranstaltungen auch für die zivilrechtliche Verfolgung (§ 3) nicht nur objektiv nötig, daß sie täuschende Angaben ersetzen, sondern auch subjektiv, daß sie auf Täuschung berechnet sind.

§ 6.[1])

Wird in öffentlichen Bekanntmachungen oder in Mitteilungen, die für einen größeren Kreis von Personen bestimmt sind, der Verkauf von Waren angekündigt,[2]) die aus einer Konkursmasse stammen[3]), aber nicht mehr zum Bestande der Konkursmasse gehören, so ist dabei jede Bezugnahme auf die Herkunft der Waren aus einer Konkursmasse verboten.

Zuwiderhandlungen gegen diese Vorschrift werden mit Geldstrafe bis zu einhundertfünfzig Mark oder mit Haft bestraft.[4])[5])

1. §§ 6 bis 10 bekämpfen die schwindelhafte Ankündigung von Ausverkäufen. Auch schon nach dem Gesetz von 1896 waren unrichtige Angaben über Anlaß und Zweck des Verkaufs gemäß § 1 zivilrechtlich, gemäß § 4 strafrechtlich verfolgbar. Jedoch hatte sich eine feste Praxis der Gerichte über den Begriff des Ausverkaufs nicht gebildet; insbesondere war die Frage des Nachschubs eine sehr streitige, vor allem, nachdem das Reichsgericht (RGStr. **30** 257) diesen nicht als unbedingt unzulässig bezeichnet hatte. (Vergl. auch M. u. W. **7** 178, RGStr. **37** 358 und über Konkursmassenausverkauf RGStr. **38** 396.) Gerade im Anschluß an dieses vielfach mißverstandene Reichsgerichtserkenntnis haben sich, wie die Begründung hervorhebt, große Mißbräuche herausgestellt, so daß man eine besondere gesetzliche Regelung für nötig erachtet hat. Diese ist in §§ 6 ff. erfolgt. § 6 behandelt die Konkursmassenausverkäufe, § 7 die Anzeige des Ausverkaufs als solchen, § 8 die Strafbarkeit des Vor- und Nachschubs, § 9 enthält die Begriffsbestimmungen des Ausverkaufs und die Ausnahmen für Saison- und Inventurausverkäufe, § 10 Strafbestimmungen.

2. Nach der Erklärung der Redaktionskommission in der Kommission des Reichstags, die in der Kommission selbst unwidersprochen blieb, ist die Vorschrift im § 6 lediglich eine reine Polizeivorschrift; sie verbiete im Interesse der Allgemeinheit jede Bezugnahme auf die Herkunft aus einer Konkursmasse, und zwar auch für den Fall, daß die Ankündigung klar erkennen lasse, daß die Waren sich bereits in dritter Hand befinden, also nicht mehr zum Bestande der Masse gehören. Es werde damit also etwas Wahres verboten.

Das Gesetz gibt dieser Auslegung recht. Waren, die nicht mehr zum Bestand einer Konkursmasse gehören, sollen in keiner Weise als aus einer Konkursmasse stammend bezeichnet werden. Maßgebend ist dabei auch nicht lediglich der Zeitpunkt der Ankündigung, sondern der Zeitpunkt des Verkaufs, so daß also Waren, die zur Zeit ihres Verkaufs nicht mehr zur Konkursmasse gehören, nicht als aus einer Konkursmasse bezeichnet werden dürfen (RGStr. **45** 41); solche verbotene Ankündigung kann natürlich auch nicht als die von § 7 verlangte Angabe des Grundes eines Ausverkaufs zugelassen werden (RGStr. **47** 117). Die Herkunftsbezeichnung als solche ist verboten, sie wird bestraft, selbst wenn die Ankündigung nur wahre Tatsachen enthält. Nicht nötig für die Anwendung der Vorschrift ist, daß der Ausdruck „Konkurs" gebraucht wird; nach Lage des Falls ist § 6 verletzt, wenn von „gerichtlich taxierten", von „Massewaren" gesprochen oder wenn auf die in Konkurs befindliche Firma hingewiesen wird (LG. Bielefeld in M. u. W. **10** 316).

Bestraft werden auch Umgehungen des Gesetzes, wenn z. B. der Verwalter, nachdem er das Warenlager veräußert hat, es für Rechnung des Käufers verkauft oder verkaufen läßt.

3. In der Kommission wurde konstatiert, daß eine besondere Strafandrohung gegen vorsätzliches Hervorrufen des Anscheines, daß Waren, die nicht für Rechnung der Konkursmasse verkauft werden, noch zum Bestande der Konkursmasse gehören, welche Androhung im ursprünglichen Entwurf enthalten war, im Gesetz nicht enthalten ist; der Tatbestand sei aber durch § 4 des Gesetzes gedeckt. Zivilrechtlich können auch §§ 1 und 3 in Frage kommen.

4. Ob Schadensersatzansprüche aus der Verletzung des im § 6 bezeichneten Tatbestandes hervorgehen, wurde lebhaft besprochen. Der Vertreter der verbündeten Regierungen führte aus, daß § 6 zweifellos eine Schutzvorschrift im Sinne des § 823 Abs. 2 BGB. darstelle, daher die Verletzung schadensersatzpflichtig mache. Trotzdem wurde die Schadensersatzpflicht besonders im § 13 geregelt.

5. Wegen Klage auf Unterlassung § 13 Abs. 1, wegen Haftung für Angestellte § 13 Abs. 3.

§ 7.[1])

Wer in öffentlichen Bekanntmachungen oder in Mitteilungen, die für einen größeren Kreis von Personen bestimmt sind, den Verkauf von Waren unter der Bezeichnung eines Ausverkaufs ankündigt, ist gehalten, in der Ankündigung den Grund anzugeben, der zu dem Ausverkauf Anlaß gegeben hat.[2])[3])

Durch die höhere Verwaltungsbehörde kann nach Anhörung der zuständigen gesetzlichen Gewerbe- und Handelsvertretungen für die Ankündigung bestimmter Arten von Ausverkäufen angeordnet werden[4]), daß zuvor bei der von ihr zu bezeichnenden Stelle Anzeige[5]) über den Grund des Ausverkaufs und den Zeitpunkt seines Beginns zu erstatten sowie ein Verzeichnis der auszuverkaufenden Waren einzureichen ist. Die Einsicht der Verzeichnisse ist jedem gestattet.[6])[7])[8])[9])

Lit. H. C. L. Menge, Deutsches Ausverkaufswesen, Berlin und Leipzig 1911, Jacubowsky in M. u. W. **12** 547, Finger ebd. **13** 141, Rosenthal ebd. **13** 191.

1. Diese Bestimmung war im Gesetz von 1896 nicht enthalten. Die Begründung führt aus: „Die Vorschrift, daß, wer den Verkauf von Waren unter der Bezeichnung eines Ausverkaufs ankündigt gehalten ist, den Grund anzugeben, der zu dem Ausverkauf Anlaß gegeben hat, biete den Vorteil, daß die Ankündigung von Verkäufen unter der Firma eines Ausverkaufs in denjenigen Fällen nicht mehr möglich ist, in welchen der Verkäufer einen solchen Grund überhaupt nicht anführen kann. Ankündigungen wie „Ausverkauf für die Reise", „Ausverkauf von Einsegnungsgarderobe" und ähnliche rein reklameartige Bezeichnungen würden daher die Forderung des § 7 nicht erfüllen. Dagegen würden etwa folgende Bezeichnungen im Sinne der Vorschrift statthaft und ausreichend sein: „Ausverkauf wegen Aufgabe des Geschäfts", „Ausverkauf des Zigarrenlagers wegen Aufgabe dieses Geschäftszweiges", „Ausverkauf des durch Wasserschaden betroffenen Warenvorrats". Selbstverständlich sei es, daß bei der vorgeschriebenen Angabe nur solche Umstände als Grund für den Ausverkauf gelten können, welche nach der Auffassung des Verkehrs den Verkauf von Waren in der forcierten Form eines Ausverkaufs rechtfertigen."

2. Der Grund muß in jeder Ankündigung enthalten (RG. in M. u. W. **10** 163, RGStr. **45** 314) und unzweideutig erkennbar sein (RG. in JW. **1911** 253 [41]). Als nicht genügende Grundangabe gilt: Totalausverkauf, Räumungsverkauf, Sommerverkauf (Finger in M. u. W. **10** 45), „weil nicht mehr in allen Farben und Größen vorrätig" (RG. in GR. u. U. **1916** 124). Der Grund muß sachlich zutreffend, ernstlich gemeint und erlaubt (nicht entgegen § 6!) sein (OLG. Kolmar in DJZ. **1911** 712, RGStr. **47** 117).

Zu den Veranstaltungen im Sinne des § 5 Abs. 2, soweit sie unrichtige Angaben bei Ausverkäufen bedeuten, gehört u. a. Auslage unverkäuflicher oder vom Ausverkauf ausgeschlossener Waren zur Anlockung (RGStr. **47** 161), undeutliche, irreführende, nur drucktechnisch irreführende Ankündigung, also wenn z. B. bei der Angabe des Preisnachlasses die Worte „bis zu" ganz versteckt, die „50 Prozent" aber ganz groß und fett gedruckt sind (RGStr. **50** 15).

Auch der Ausverkauf eines Teils des Lagers kann angekündigt werden, doch muß das unzweideutig geschehen (RG. in LZ. **1911** 64[34]). Auch Versteigerungen gehören logischerweise zu den Ausverkäufen, wenn ihre Ankündigung oder Veranstaltung die Merkmale des Ausverkaufs tragen, vergl. Rosenthal in M. u. W. **13** 191, Jacubowsky ebd. (mit Entscheidungen) **13** 482.

3. Bei Nichtbeobachtung Strafe gemäß § 10.

4. Über das Verzeichnis sagt die Begründung: „Diese Vorschrift verfolgt den Zweck, den beteiligten Kreisen sowie den gerichtlichen Behörden die Prüfung darüber zu erleichtern, ob zum Einschreiten die Voraussetzungen gegeben sind. Besonders kommt hier die Vorschrift in Betracht, wonach von dem Ausverkäufer die Vorlegung eines Warenverzeichnisses verlangt werden kann. Ein solches Verzeichnis wird für die beteiligten Kreise zur Einsicht offenzuhalten sein. Diese würden dadurch in die Lage versetzt werden, eine gewisse Kontrolle über die Rechtmäßigkeit und den ordnungsmäßigen Verlauf des Ausverkaufs auszuüben und gegebenenfalls namentlich dem Versuche des Warennachschubs entgegenzutreten. Selbstverständlich müßten die in der Anzeige enthaltenen Angaben richtig sein."

Ferner wurde in der Kommission regierungsseitig ausgeführt: „Das Verzeichnis soll eine Kontrolle darüber, ob nicht Waren nachgeschoben wurden, ermöglichen. Die Kontrolle wäre allerdings nicht unschwierig und eventuell für den Ausverkäufer lästig. Allein es soll hier ausgesprochen werden, daß man durch die Forderung des Verzeichnisses absichtlich eine gewisse Erschwerung schaffen und dadurch vielleicht Ausverkäufe verhindern will, die keinen Schutz verdienen.

Ganz verbieten könne man aber die Ausverkäufe nicht, da sie vielfach auf einer wirtschaftlichen Notwendigkeit und Berechtigung beruhten. Man hat daher die Angabe darüber, in welchen Fällen ein Verzeichnis eingereicht werden müsse, in die Hände der höheren Verwaltungsbehörde gelegt."

Diese Meinung wurde von der Reichstagskommission gebilligt.

Die Anordnung seitens der Behörde kann nicht generell für alle Ausverkäufe, sondern nur für bestimmte Arten erfolgen, sonst ist sie nichtig (Rosenthal in GR. u. U. **1911** 23, Wertheimer ebd. 68; RG. in GR. u. U. **1911** 245, RGStr. **45** 194).

5. Es ist nur Anzeige nötig; Genehmigung kann nicht gefordert werden. Über die Bedeutung des Wortes „zuvor" Finger in M. u. W. **13** 579.

6. Jedem, also auch Konkurrenten ohne Nachweis besonderen Interesses.

7. Eine Ausdehnung des Begriffs des Ausverkaufs auch auf die Fälle, bei denen gewisse Rabattgewährung versprochen wird, wurde ausdrücklich zurückgewiesen und dabei festgestellt, daß, um Mißbräuchen hierbei und sonstigen Fällen der Preisverschleierung zu begegnen, gerade die Generalklausel eingeführt sei, die bei derartigen Fällen eben eintreten solle.

8. Auch bei hernach berechtigtem Ausverkauf kann Verstoß gegen §§ 3 und 4 vorliegen. Über „Totalausverkauf" RGStr. **43** 46.

9. Über Unterlassungsklage vergl. § 13.

§ 8.[1])

Mit Gefängnis bis zu einem Jahre und mit Geldstrafe bis zu fünftausend Mark oder mit einer dieser Strafen wird bestraft, wer im Falle der Ankündigung

eines Ausverkaufs [2]) Waren zum Verkaufe stellt [3]), die nur für den Zweck des Ausverkaufs herbeigeschafft [4]) worden sind (sogenanntes Vorschieben oder Nachschieben von Waren). [5])

1. Der § 8 verbietet sowohl das Nachschieben der Waren als das Vorschieben der Waren, auch wenn es sich um Nachschübe von ganz geringem Umfang handelt (RGStr. **44** 64 und in GR. u. U. **1911** 340; RGStr. **45** 314, **45** 168). Die Begründung führt aus, daß z. B. hier an den Fall gedacht sei, daß ein Kaufmann sein durch Brandschaden betroffenes Lager durch neue Waren ergänzt und alsdann den Ausverkauf wegen Brandschadens ankündigt; ferner auch an die Fälle, daß vor der Ankündigung eines Totalausverkaufs wegen Todesfalls oder eines Ausverkaufs wegen Geschäftsverkleinerung, Raummangels, langer Lagerung der Waren das Lager für den Zweck des Ausverkaufs komplettiert wird. Die reichsgerichtliche Rechtsprechung hat diese Gedanken scharf und folgerichtig weiter gefestigt. Vorschieben und Nachschieben von Waren macht die Ankündigung des Ausverkaufs *von selbst* zu einer unwahren Angabe (RGStr. **45** 50, **45** 372). Vor- und Nachschieben ist an sich ein strafrechtlich abgeschlossener Tatbestand. Die unerlaubte Vorschiebung vollendet sich mit der Ankündigung, nicht mit dem körperlichen Herbeischaffen (RGStr. **44** 273, **45** 314). Dieses Herbeischaffen ist in seiner *wirtschaftlichen* Bedeutung zu verstehen (RGStr. **45** 168, 371, **48** 35 und RG. in JW. **1916** 333 [4]).

2. Notwendig ist das Bewußtsein, daß ein Ausverkauf angekündigt sei; hierzu genügt aber die Kenntnis von Ankündigungen und demnächstige nach dieser Kenntnis erfolgende Nachschübe (RG. in M. u. W. **10** 216, **15** 130).

3. Gleichgültig ist, ob er Eigentümer der nachgeschobenen Waren ist (RG. in M. u. W. **10** 281, RGStr. **46** 232).

4. Die Fassung dieser Vorschrift trifft nach der Begründung auch die Hinzuziehung solcher Waren, deren Lieferung bereits vor der Ankündigung des Ausverkaufs in Auftrag gegeben war.

Hierbei sei jedoch, wie die Fassung ergebe, Voraussetzung, daß die Bestellung von vornherein für die Verwertung der Waren in der Form des Ausverkaufs erteilt worden sei, während in sonstigen Fällen dem redlichen Besteller der Mitverkauf der nachträglich eingehenden Waren nicht wohl werde verwehrt werden können (RG. in LZ. **1910** 852[21]). Ob der Fall einer unzulässigen Ergänzung des Lagers vorliegt, werde sich aus den Umständen ergeben.

Nachschub liegt auch vor, wenn Waren von einer Niederlassung zur anderen, z. B. vom Hauptgeschäft zur Zweigniederlassung, in der der Ausverkauf stattfindet, geschafft werden (RGStr. **46** 232 gegen die frühere Entscheidung in RGStr.; denn die starke Werbekraft der Ausverkaufsankündigung wird in irreführender Weise erweitert); ebenso bei Eintauschen von Waren usw. (RG. in GR. u. U. **1911** 340).

5. Wegen Schadensersatz vergl. § 13 Abs. 2 Nr. 2; wegen Klage auf Unterlassung § 13 Abs. 1; wegen Haftung für Angestellte § 13 Abs. 3.

§ 9.

Der Ankündigung eines Ausverkaufs[1]) im Sinne des § 7 Abs. 2[2]) und des § 8 steht jede sonstige Ankündigung gleich, welche den Verkauf von Waren wegen Beendigung des Geschäftsbetriebs, Aufgabe einer einzelnen Warengattung oder Räumung eines bestimmten Warenvorrats aus dem vorhandenen Bestande betrifft.[3])[4])

Auf Saison- und Inventurausverkäufe, die in der Ankündigung als solche bezeichnet werden und im ordentlichen Geschäftsverkehr üblich sind, finden die Vorschriften der §§ 7 und 8 keine Anwendung. Über Zahl, Zeit und Dauer der üblichen Saison- und Inventurausverkäufe kann die höhere Verwaltungsbehörde

nach Anhörung der zuständigen gesetzlichen Gewerbe- und Handelsvertretungen Bestimmungen treffen.[5][6])

1. Nach dem Gesetz von **1896** verstand man unter einem Ausverkauf die Veräußerung der vorhandenen Vorräte zum Zweck der Auflösung, sei es des Geschäftsbetriebes im ganzen, sei es des Verkaufs einer gewissen Warengattung, sei es zur Räumung eines fest umgrenzten Lagers (s. auch Anm. 5). Diese Begriffsbestimmung gilt auch für das jetzige Gesetz, wie u. a. aus Reichsgerichtsentscheidungen und aus den Bestimmungen gegen Vor- und Nachschieben von Waren sich ergibt (RGStr. **44** 143, **45** 168, 314, **48** 35, 286, 327, RG. in M. u. W. **13** 18). Mit Recht ist die ausdrückliche Feststellung deswegen erfolgt (wie auch die Begr. hervorhebt), um erkennbar zu machen, daß auch Teilausverkäufe hierher gehören und demgemäß den gesetzlichen Vorschriften, besonders dem Nachschubverbot, unterliegen. Ob aber damit diejenigen RG.- und OLG.-Entscheidungen in Einklang stehen, die den Begriff des Ausverkaufs auch auf die Ankündigung des billigen Verkaufs bestimmter größerer Warenposten anwenden, wird (wie übrigens fast alle von RG. und Schrifttum herausgearbeiteten Grundsätze) von Wernicke u. a. in GR. u. U. **1915** 244 bestritten, weil dabei das Moment des Zuendeverkaufens fehle und auf die Auffassung eines Teils des Publikums zu großes Gewicht gelegt werde (vergl. auch RG. in M. u. W. **14** 304); s. auch § 7 Anm. 2.

2. § 9 gilt auch für § 7 Abs. 1 (RG. in GR. u. U. **1911** 245, RGStr. **45** 45 u. 168). „Wie im Sinne von § 7 Abs. 1 die Verkaufsankündigung keineswegs die wirkliche Bezeichnung „Ausverkauf" zu enthalten braucht, um sich als Ankündigung eines Ausverkaufs darzustellen, so gilt dies auch für die Ankündigung von sog. Teilausverkäufen im Sinne der wiedergegebenen zweiten und dritten Möglichkeit des § 9 Abs. 1" (RGStr. **45** 170).

3. Die Wahl des Ausdrucks ist gleichgültig; der Ausdruck „Ausverkauf" braucht nicht gewählt zu sein (RGStr. **45** 45, OLGR.

25 359). Geheime Vorbehalte sind ohne rechtliche Wirkung, die Erklärung (Ankündigung) ist wesentlich. Nach der Begr. stehen der Bezeichnung „Ausverkauf" Bezeichnungen wie „Totalverkauf", „Räumungsverkauf" (RG. in GR. u. U. **1911** 245, RGStr. **45** 189), „schneller und billiger Verkauf" und ähnliche Bezeichnungen gleich. Auch Bezeichnungen wie „Räumungspreise", „Nur noch kurze Zeit" usw. können hierher gehören.

4. Dagegen sollen Ankündigungen wie „Billige Tage", „Ausnahmetage" von der Vorschrift nicht betroffen werden; es sei denn, daß hierin unrichtige Angaben gemacht seien oder daß ein verschleierter Ausverkauf vorliegt.

Dasselbe gilt bei sogenannten L o c k a r t i k e l n (vergl. § 1 Anm. 4). Auch diesen gegenüber kann eingeschritten werden, wenn die in der Ankündigung enthaltenen Angaben mit den tatsächlichen Umständen in Widerspruch stehen; insbesondere dann, wenn der Verkäufer sich weigert, die angepriesenen oder zur Schau gestellten Waren zu den angezeigten Preisen abzugeben. Aber auch schon darin kann ein Verstoß gegen das Gesetz liegen, wenn nur einzelne der ausgestellten Waren zu besonders billigen Preisen ausgezeichnet werden, andere aber keine Preisnotierung tragen und hierdurch das Publikum in den Glauben gesetzt wird, daß die ausgestellten Waren durchweg zu den niedrigen Preisen verkauft werden (Begr.). Auch die Mitausstellung von Waren, die gar nicht verkauft werden sollen, ist unlauter.

5. Über die Saison- und Inventurausverkäufe sagt die Begr.: „Eine besondere Stellung nehmen unter den Ausverkäufen die Saison- und Inventurausverkäufe ein. Der Satz, daß der Ausverkauf unter Umständen eine unentbehrliche Form des Warenabsatzes ist, findet besonders auf sie Anwendung. Sie sollen die Räumung von Waren von verminderter Absatzfähigkeit in forcierter Form herbeiführen, um das Lager für neue, den Bedürfnissen des Konsums entsprechende Waren freizumachen. Schon ihre weite Verbreitung und ihre regelmäßige Wiederkehr in bestimmten Zeitabschnitten oder in gewissen Zeiten des Jahres läßt die Auffassung der beteiligten Kreise berechtigt erscheinen, daß es sich hier um Formen des Ausverkaufs handelt, auf welche die Vorschriften des Entwurfs nicht ohne weiteres Anwendung finden können. Der Entwurf hat sie daher von den Vorschriften der §§ 7 und 8 ausdrücklich ausgenommen. Allerdings bezieht sich die Ausnahme nur auf die im ordentlichen Geschäftsleben üblichen Ausverkäufe dieser Art. Soweit diese Voraussetzung nicht zutrifft, die Ankündigung eines Saison- oder Inventurausverkaufs vielmehr, sei es wegen des Gegenstandes, sei es wegen des Zeitpunktes des Verkaufs, den Gepflogenheiten des redlichen Geschäftsmannes widerspricht, kommen wiederum die allgemeinen Vorschriften des Entwurfs zur Geltung. Außerdem erscheint zur Verhütung von Mißbräuchen eine weitere Sicherung geboten. Damit nicht aus den Saison- und Inventurausverkäufen auf Grund der ihnen eingeräumten Ausnahmestellung über das wirtschaftlich angemessene Maß hinaus zum Schaden des regulären Geschäftsverkehrs Vorteil gezogen werde und unter dieser Ausnahmestellung geradezu ein Mißbrauch entstehe, soll durch die höhere Verwaltungsbehörde Zeit und Dauer dieser Ausverkäufe bestimmt werden können."

Alle Anträge, bestimmte Fristen oder Höchstfristen für Inventur- und Saisonausverkäufe festzustellen, wurden abgelehnt und alles der höheren Verwaltungsbehörde überlassen. Es wurde regierungsseitig darauf hingewiesen, daß beabsichtigt sei, allgemeine Vorschriften zu erlassen, die in dem betreffenden Bezirk oder Ort ein für allemal für alle Saison- und Inventurausverkäufe zu gelten hätten. Es empfehle sich für die höhere Verwaltungsbehörde, vor Erlaß der Bestimmungen die Handelsvertretungen zu hören.

Auch W e i h n a c h t s v e r k ä u f e können unter Umständen als Saisonverkäufe angesehen werden (RGStr. **44** 63). Die Hauptzeit der Saison- und Inventurausverkäufe ist in der Regel Ende Juni und Anfang Januar.

6. Über die Frage, ob bei Saison- und Inventurausverkäufen Vor- und Nachschübe unbeschränkt gestattet seien, vergl. J a c ubowsky in M. u. W. 9 188 und Rosenthal ebenda 217; s. a. § 8 Anm. 1 u. 4 und § 9 Anm. 1.

§ 10.[1])

Mit Geldstrafe bis zu einhundertfünfzig Mark oder mit Haft wird bestraft:

1. wer der Vorschrift des § 7 Abs. 1 zuwider es unterläßt, in der Ankündigung eines Ausverkaufs den Grund anzugeben, der zu dem Ausverkauf Anlaß gegeben hat;[2])
2. wer den auf Grund des § 7 Abs. 2 erlassenen Anordnungen zuwiderhandelt oder bei Befolgung dieser Anordnungen unrichtige Angaben macht;
3. wer den von der höheren Verwaltungsbehörde auf Grund des § 9 Abs. 2 Satz 2 getroffenen Bestimmungen zuwiderhandelt.[3])

1. Diese Vorschrift ist neu in das Gesetz aufgenommen.

2. Der Grund muß ein wahrer und erlaubter sein (s. § 7 Anm. 2). § 10 Nr. 1 „unterscheidet nicht zwischen den Fällen, wo die Angabe eines vorhandenen Grundes unterlassen ist, oder wo ein Grund zur Veranstaltung des Ausverkaufs überhaupt nicht bestand, also in der Ankündigung nicht angegeben werden konnte. Im zweiten Falle würde regelmäßig die Anwendung des § 4 versagen und lediglich die Übertretungsstrafe des § 10 Nr. 1 Platz greifen, soweit nicht § 8 die Handhabe zur Verhängung einer wirksamen Strafe bietet" (RGStr. **45** 373).

3. Wegen Klage auf Unterlassung § 13 Abs. 1, wegen Schadensersatz § 13 Abs. 2, wegen Haftung für Angestellte § 13 Abs. 3. Vergl. Rosenthal in M. u. W. **13** 483.

§ 11.

Durch Beschluß des Bundesrats kann festgesetzt werden, daß bestimmte Waren im Einzelverkehre nur in vorgeschriebenen Einheiten der Zahl, des Maßes oder des Gewichts oder mit einer auf der Ware[1]) oder ihrer Aufmachung anzubringenden Angabe über Zahl, Maß, Gewicht, über den Ort der Erzeugung oder den Ort der Herkunft der Ware gewerbsmäßig verkauft oder feilgehalten werden dürfen.

Für den Einzelverkehr mit Bier in Flaschen oder Krügen kann die Angabe des Inhalts unter Festsetzung angemessener Fehlergrenzen vorgeschrieben werden.

Die durch Beschluß des Bundesrats getroffenen Bestimmungen sind durch das Reichs-Gesetzblatt zu veröffentlichen und dem Reichstage sogleich oder bei seinem nächsten Zusammentritte vorzulegen.[2])

Zuwiderhandlungen[3]) gegen die Bestimmungen des Bundesrats werden mit Geldstrafe bis zu einhundertfünfzig Mark oder mit Haft bestraft.

1. Früher „Länge". Die Änderung ist erfolgt, weil der Ausdruck Maß auch das Hohlmaß umfaßt. Durch die neue Fassung soll dem Bundesrat die Befugnis verliehen werden, vorzuschreiben, daß Waren, welche in Büchsen und ähnlichen Gefäßen in den Handel kommen, nur in vorgeschriebenen Einheiten des Maßes oder mit einer auf der Aufmachung anzubringenden Angabe über den Rauminhalt verkauft werden (Begr.). Vergl. Lobe in M. u. W. 8 119 und Grunow ebenda 127.

2. Als Bundesratsbeschlüsse der obenerwähnten Art sind bisher ergangen:

a) Bekanntmachung über den Kleinhandel mit Garn vom 10. April 1918 (RGBl. S. 181) [die an die Stelle der Bek. v. 20. Nov. 1900 getreten ist].

Auf Grund des § 11 Abs. 1 des Gesetzes gegen den unlauteren Wettbewerb vom 7. Juni 1909 (Reichs-Gesetzbl. S. 499) hat der Bundesrat die nachstehenden Bestimmungen für den Kleinhandel mit Garn beschlossen:

§ 1. Zum Einzelverkauf aufgemachte baumwollene, wollene und halbwollene Garne aller Art dürfen nur in bestimmten Einheiten des Gewichts und unter Angabe der Gewichtsmenge im Einzelverkehre gewerbsmäßig verkauft oder feilgehalten werden, baumwollene Garne jedoch auch in bestimmten Einheiten der Länge und unter Angabe der Länge.

§ 2. Als Mengeneinheiten werden zugelassen:

a) Gewichtseinheiten zu 1, 5, 10, 20 und 50 Gramm und zu einem Vielfachen von 50 Gramm;

b) Längeneinheiten für baumwollene Nähgarne zu 50, 100, 200, 500, 1000 Meter und zu einem Vielfachen von 1000 Meter;

c) Längeneinheiten für andere baumwollene Garne zu 5, 10, 20, 30 usw. bis 100 Meter.

Die Vereinigung mehrerer zulässiger Mengeneinheiten ist nur insoweit statthaft, als sie zusammen eine zulässige Mengeneinheit darstellen.

§ 3. Als Gewicht gilt das Trockengewicht der Garne ohne Umhüllung, Einlage usw. (Reingewicht) und ohne Beschwerung, soweit diese nicht durch die Herstellung bedingt ist, nebst einem Normalfeuchtigkeitszuschlage, der bei Baumwollgarn 8½, bei halbwollenen Garnen (sogenannten Mischgarnen) 10, bei Kammgarn 18¼ und bei Streichgarn 17 Hundertteile des Trockengewichts beträgt.

§ 4. Das Gewicht darf nicht um mehr als 3 vom Hundert bei Mengen über 50 Gramm, 5 vom Hundert bei Mengen von 10 bis 50 Gramm und 10 vom Hundert bei Mengen von 1 oder 5 Gramm, die Länge darf nicht um mehr als 3 vom Hundert bei Längen über 100 Meter, 5 vom Hundert bei Längen von 10 bis 100 Meter und 10 vom Hundert bei Längen von 5 Meter hinter den angegebenen Beträgen zurückbleiben.

§ 5. Das Gewicht ist in Gramm, die Länge in Meter anzugeben; die Angaben sind an der Ware selbst oder an ihrer Aufmachung, Verpackung oder Umschließung leicht erkennbar anzubringen.

Bei Vereinigung mehrerer Stränge im Gesamtgewichte bis zu 50 Gramm genügt es, wenn die Gewichtsangabe auf der gemeinsamen Verpackung angebracht ist, bei Mengen über 50 Gramm ist sie auf jedem einzelnen Stücke anzubringen. Garne in Knäueln sowie Garne, die nach der Länge verkauft werden, müssen stets mit einer Mengenangabe versehen sein.

§ 6. Für den Einzelverkauf bestimmte Packungen mit baumwollenem Nähgarn, die gewerbsmäßig verkauft oder feilgehalten werden, dürfen an Einzelaufmachungen (Spulen, Rollen, Karten, Papierhülsen oder dergleichen) nur je 10 oder 20 oder 30 usw. bis 100 Stück oder Vielfache von 100 Stück enthalten. Die Stückzahl muß unter Bezeichnung der Aufmachungen auf der Außenseite der Packung leicht erkennbar angegeben sein.

§ 7. Die Bestimmungen finden keine Anwendung

a) auf Garne, die zum Zwecke der Fertigstellung von halbfertigen Waren in Verbindung mit diesen feilgehalten werden;

b) auf Garne, die dem Käufer zugemessen oder zugewogen werden.

§ 8. Diese Bestimmungen treten mit dem 1. Oktober 1918 in Kraft.

Zum gleichen Zeitpunkt werden die Bekanntmachungen, betreffend Bestimmungen für den Kleinhandel mit Garn, vom 20. November 1900 (Reichs-Gesetzbl. S. 1014) sowie vom 17. November 1902 (Reichs-Gesetzbl. S. 278) außer Kraft gesetzt.

Bis zum 31. März 1919 darf der am 1. Oktober 1918 im Inland vorhandene Vorrat an fertig aufgemachten und verpackten baumwollenen Nähgarnen ohne Rücksicht auf die vorstehenden Bestimmungen in den Verkehr gebracht werden.

b) Bekanntmachung, betr. Bestimmungen für den Kleinhandel mit Kerzen. Vom 4. Dezember 1901 (RGBl. S. 494).

§ 1. Packungen mit Stearin- und Paraffinkerzen sowie mit Kerzen, die überwiegend aus diesen Stoffen hergestellt sind (Kompositionskerzen), dürfen im Einzelverkehre nur in bestimmten Einheiten des Gewichts und unter Angabe der Gewichtsmenge gewerbsmäßig verkauft oder feilgehalten werden.

§ 2. Als Einheiten für das Rohgewicht der Packungen werden 500 g, 330 g und für Packungen, bei welchen die einzelne Kerze 25 g oder weniger wiegt, auch 250 g zugelassen.

§ 3. Das Reingewicht der in den Packungen enthaltenen Kerzen muß bei einem Rohgewichte

von 500 g mindestens 470 g,
von 330 g mindestens 305 g,
von 250 g mindestens 225 g

betragen.

§ 4. Auf der Außenseite der Packungen ist sowohl das Rohgewicht als das Reingewicht in leicht erkennbarer Weise anzugeben. Die Angabe ist in Gramm oder in Bruchteilen von Kilogramm auszudrücken.

§ 5. Weder das Rohgewicht noch das Reingewicht darf um mehr als 10 g hinter dem angegebenen Betrage zurückbleiben.

§ 6. Diese Vorschriften treten mit dem 1. Januar 1903 in Kraft.

Dazu Bekanntmachung vom 25. September 1915 (RGBl. S. 621), die folgenden Wortlaut hat:

Auf Grund des § 11 Abs. 1 des Gesetzes gegen den unlauteren Wettbewerb vom 7. Juni 1909 (RGBl. S. 499) hat der Bundesrat beschlossen:

Packungen mit Kerzen dürfen im Einzelverkehre bis auf weiteres in anderen als den in §§ 1 bis 3 der Bekanntmachung, betreffend Bestimmungen für den Kleinhandel mit Kerzen, vom 4. Dezember 1901 (RGBl. S. 494) vorgeschriebenen Gewichtsmengen gewerbsmäßig verkauft oder feilgehalten werden.

Diese Bestimmung tritt mit dem Tage der Verkündung in Kraft.

3. Die Zuwiderhandlung ist eine nur im ordentlichen Strafverfahren, nicht im Wege der Privatklage, ohne Rücksicht auf einen etwaigen Strafantrag des Verletzten, verfolgbare Übertretung, die nach § 67 Abs. 3 StrGB. in drei Monaten verjährt. (Vergl. § 22 Ges.)

Selbstverständlich steht, wie bei jeder unerlaubten Handlung, auch hier dem vermögensrechtlich Verletzten der Anspruch auf Schadensersatz zu (§ 13 Abs. 2): wegen Unterlassungsklage § 13 Abs. 1; wegen Haftung für Angestellte § 13 Abs. 3.

§ 12.[1]

Mit Gefängnis bis zu einem Jahre und mit Geldstrafe bis zu fünftausend Mark oder mit einer dieser Strafen wird, soweit nicht nach anderen Bestimmungen[2] eine schwerere Strafe verwirkt wird, bestraft, wer im geschäftlichen Verkehre[3] zu Zwecken des Wettbewerbes[4] dem Angestellten oder Beauftragten eines geschäftlichen Betriebs Geschenke oder andere Vorteile[5] anbietet, verspricht[6] oder gewährt, um durch unlauteres Verhalten des Angestellten oder Beauftragten bei dem Bezuge von Waren oder gewerblichen Leistungen[7] eine Bevorzugung[8] für sich oder einen Dritten zu erlangen.

Die gleiche Strafe trifft den Angestellten oder Beauftragten eines geschäftlichen Betriebs, der im geschäftlichen Verkehre Geschenke oder andere Vorteile fordert, sich versprechen läßt oder annimmt, damit er durch unlauteres Verhalten[9] einem anderen bei dem

Bezuge von Waren oder gewerblichen Leistungen im Wettbewerb eine Bevorzugung verschaffe.[10])

Im Urteil ist zu erklären, daß das Empfangene oder sein Wert dem Staate verfallen sei.[11])

Lit.: Schmid in M. u. W. 9 1.

1. Schmiergeldverbot. Diese im Entwurf nicht enthaltene Bestimmung ist durch die Reichstagskommission in das Gesetz hineingekommen.

Die Kommission ging davon aus, daß die in den anderen Ländern bereits bestehende Gesetzgebung in dieser Frage auch auf Deutschland auszudehnen sei. Unser ganzes Erwerbsleben, insbesondere Industrie und Landwirtschaft, litten immer mehr unter dem um sich greifenden Übel der Angestelltenbestechung. Es müsse daher konform mit dem Gesetz über Beamtenbestechung gegen die Bestechung der Angestellten vorgegangen werden. Nicht ausreichend sei die durch die Generalklausel gegebene Möglichkeit, im Zivilprozeß vorzugehen. Es sei auch strafrechtliche Anfechtung nötig.

Das Ganze müsse als „Fanal" erachtet und von Staats wegen erklärt werden, daß das Gewähren von Schmiergeldern etwas Sittenwidriges sei (KomBer.).

Die Bestimmung ist in erster Linie als Konkurrenzvergehen gedacht; es ist daher eine Bestechung zu unlauterem Zwecke, die zum Wettbewerb geschieht, auch strafbar, wenn eine Pflichtwidrigkeit gegen den Prinzipal bei dem bestochenen Angestellten nicht vorliegt. Ob die Einwirkung auf den Prinzipal direkt geschieht oder auf dem Umwege über die Einwirkung auf die Kundschaft, die eine bestimmte Ware bevorzugen soll, bleibt sich gleich. Das schutzwürdige Interesse ist auch hier das Interesse des Mitbewerbers bei der Warenlieferung.

2. Z. B. Untreue, Betrug.

3. Auch hier im Gegensatz zum Privatverkehr (RGStr. 44 154) und zum Behördenverkehr. Eine Werft ist, weil sie vorzugs-

weise im nationalen Interesse und nicht für „Geschäfte" des Staates arbeitet, vom RG. nicht als „Geschäft" betrachtet worden (JW. **1918** 446[9]). Vergl. aber Bekanntmachung vom 3. Mai 1917 (RGBl. 1917 S. 393).

4. Der Wettbewerbszweck braucht nicht der einzige und hervorstechende Zweck zu sein, er kann auch mit anderen verbunden vorliegen, muß aber irgendwie bestimmend für das Verhalten geworden sein.

5. Unter den Begriff „Andere Vorteile" lassen sich auch Zuwendungen bringen, die einer dritten Person, etwa der Ehefrau des Bestochenen, angeboten werden oder für sie gefordert usw. würden (KomBer.).

6. Auch das abgelehnte Angebot, die nicht angenommene Versprechung vollendet den strafrechtlichen Tatbestand; denn diese Tatbestände werden hier ausdrücklich neben dem „Gewähren" genannt. Das gleiche gilt für Abs. 2 bei dem Fordern, das auch bei Erfolglosigkeit strafbar ist.

7. Der Begriff „Bezug von Waren oder gewerblichen Leistungen" beschränkt sich nicht auf die Bestellung, er umfaßt auch die Lieferung und Prüfung (KomBer.).

8. Der Begriff der „Bevorzugung" ist so weit, daß darunter nicht nur eine Begünstigung bei der Aufgabe der Bestellung, sondern auch bei der Lieferung, Entgegennahme, Prüfung, Beanstandung usw. der Waren zu verstehen ist (KomBer.; s. auch RGStr. **48** 296).

9. Die Worte „durch unlauteres Verhalten" im ersten und zweiten Absatz des Paragraphen sind erst nach langen Kämpfen in das Gesetz hereingekommen. Der in der ersten Lesung angenommene Entwurf enthielt die Worte nicht. Man war sich darüber klar, daß auch der Fall getroffen werden sollte, wo eine Nichtpflichtwidrigkeit von dem Gehilfen verlangt wurde. Schon die Annahme von Bestechungsgeldern als solchen sollte als pflichtwidrig und strafbar charakterisiert werden. Demgegenüber hat der Regierungsvertreter darauf hingewiesen, daß die Anschauungen über das Erlaubte und Nichterlaubte noch weit auseinandergingen. Nicht jedes Geschenk, das ein Lieferer dem Angestellten seines Kunden macht, werde als Bestechung angesehen. Ja, vielfach nähmen die Angestellten solche Geschenke mit Wissen und Willen ihrer Dienstherren an. Es bedürfe daher einer Begrenzung zwischen den harmlosen und nicht wohl anfechtbaren Zuwendungen, die zur Förderung des Warenumsatzes und glatteren Abwickelung der Geschäfte dienen sollten, und solchen Geschenken, die ihrem Charakter nach unbedingt Strafe verdienten. Es müsse daher eine Einschränkung in das Gesetz kommen, die dem im englischen Gesetz enthaltenen Moment des „corruptly" entspräche. Nach sehr langen Debatten blieb die Kommission in erster Lesung dabei, jede Bestechung, aktiv und passiv, gleichviel, ob sie zu einer Pflichtwidrigkeit verleiten solle oder nicht, unter Strafe zu stellen. In der zweiten Lesung dagegen ist die jetzige Fassung hergestellt worden. Es wurde hierbei ausgeführt, durch die jetzige Fassung sei nicht festgestellt, daß eine Bestrafung nur dann eintreten soll, wenn die Gewährung oder Annahme von Geschenken usw. eine Handlung des Angestellten betrifft, die an sich oder im Verhältnis des Angestellten zum Prinzipal pflichtwidrig sei. Das Erfordernis des unlauteren Verhaltens trenne den Tatbestand von den allerseits als unbedenklich bezeichneten Gefälligkeiten und ähnlichen Zuwendungen. Es werde auch nach der jetzt vorgeschlagenen Fassung nicht ausgeschlossen sein, ein unlauteres Verhalten anzunehmen, wenn z. B. die Geschäftsverbindung mit einem Lieferer, dessen Waren keinerlei Beanstandung veranlaßt hätten, nur deswegen und ohne Billigung oder gar ohne Kenntnis des Prinzipals abgebrochen werde, weil der Konkurrent dem Angestellten oder Beauftragten Vorteile in Aussicht stellte oder gewährte. Hervorgehoben wurde, daß durch die Worte „durch unlauteres Verhalten" nur der strafrechtliche Tatbestand eine Einengung erfahre, daß aber zivilrechtlich die Generalklausel unbeschränkt auf dem Gebiet des Bestechungs- und Schmiergelderunwesens anzuwenden sei. Doch dürfte diese Ansicht der Kommission unrichtig sein.

(Näheres Pinner-Eyck S. 91, 94.) Die reichsgerichtliche Rechtsprechung schließt sich den Grundgedanken der Kommission an und betont (in der Entsch. RGStr. **48** 291, wo das Korkengeldgeben an Kellner für unlauter erklärt wird), daß das Gesetz dazu bestimmt ist, erzieherisch und bessernd auf den Wettbewerb einzuwirken.

10. Klage auf Unterlassung vergl. § 13 Abs. 1. Schadensersatz § 13 Abs. 2 (auch für den Fall fahrlässiger Verletzung ist die Zivilklage gegeben), Haftung für Angestellte § 13 Abs. 3.

11. Die Vorschriften über die Verfallserklärung sind dem § 335 StrGB. nachgebildet.

§ 13.[1])

In den Fällen der §§ 1, 3 kann der Anspruch auf Unterlassung von jedem Gewerbetreibenden[2]), der Waren oder Leistungen gleicher oder verwandter Art herstellt oder in den geschäftlichen Verkehr bringt, oder von Verbänden zur Förderung gewerblicher Interessen[3]) geltend gemacht werden, soweit die Verbände als solche in bürgerlichen Rechtsstreitigkeiten klagen können. Auch können diese Gewerbetreibenden und Verbände denjenigen, welcher den §§ 6, 8, 10, 11, 12[4]) zuwiderhandelt, auf Unterlassung[5]) in Anspruch nehmen.

Zum Ersatze des durch die Zuwiderhandlung entstehenden Schadens ist verpflichtet:

1. **wer im Falle des § 3 die Unrichtigkeit der von ihm gemachten Angaben kannte oder kennen mußte.[6]) Gegen Redakteure, Verleger, Drucker oder Verbreiter von periodischen Druckschriften kann der Anspruch auf Schadensersatz nur geltend gemacht werden, wenn sie die Unrichtigkeit der Angaben kannten;[7])**

2. wer gegen die §§ 6, 8, 10, 11, 12 vorsätzlich oder fahrlässig verstößt.[8])[9])

Werden in einem geschäftlichen Betriebe Handlungen, die nach §§ 1, 3, 6, 8, 10, 11, 12 unzulässig sind, von einem Angestellten oder Beauftragten vorgenommen, so ist der Unterlassungsanspruch auch gegen den Inhaber des Betriebs begründet.[10])

1. Dieser Paragraph verdankt seine Entstehung der Reichstagskommission, die ihn in der zweiten Lesung annahm, indem sie verschiedene im Entwurf verstreut enthaltene Bestimmungen zusammenfaßte und einheitlich regelte. In Absatz 1 ist die Legitimation zur Unterlassungsklage, in Absatz 2 der Schadensersatz, in Absatz 3 die Unterlassungsklage gegen Inhaber, wenn Angestellte Täter sind, geregelt.

2. Die Unterlassungsklage ist eine subjektiv beschränkte Popularklage, sie kann nicht von jedermann, sondern nur von einem Mitbewerber, d. h. einem Gewerbetreibenden, auf dem gleichen in Frage kommenden Gebiete erhoben werden. Gleichartig sind die Waren oder Leistungen schon, wenn sie nach ihrem äußeren Aussehen übereinstimmen oder verwechslungsfähig sind. — (Zahnärzte und Zahntechniker betreiben gleichartige Gewerbe, RG. in JW. **1907** 86; gegen Bezeichnung als Steuer„anwalt", der nicht Rechtsanwalt ist, kann jeder Rechtsanwalt oder die Interessenvertretung der Anwälte vorgehen, RGZ. **99** 190).

Auch Ärzte und Rechtsanwälte (RGZ. **99** 190) sind als Gewerbetreibende im Sinne des UWG. anzusehen.

3. Aktiv legitimiert zur Klage sollen ferner die gewerblichen Interessenverbände sein, sofern sie zur Zeit der Tat bestanden haben (RGZ. **60** 418) und soweit sie zivilrechtlich klagen können, d. h. prozeßfähig sind. Da nun prozeßfähig nur eine natürliche oder juristische Person sein kann, d. i. eine Person, die sich durch Verträge verpflichten kann, so wird

die Prozeßlegitimation einerseits den mit Korporationsrechten ausgestatteten Verbänden, nämlich den Innungen (GewO. §§ 86, 97), Innungsverbänden (GewO.), Eingeschriebenen Hilfskassen (Ges. v. 7. April 1876 § 5, vergl. OLG. Hamburg und OLGR. **14** 418) sowie auch Erwerbs- und Wirtschaftsgenossenschaften, sofern sie den obenerwähnten Zweck verfolgen, andererseits den Vereinigungen von Gewerbetreibenden zuzusprechen sein, welche zur Wahrung ihrer Interessen namentlich im vorgedachten Sinne bestehen und sich auch tatsächlich in allen größeren Städten inzwischen gebildet haben, soweit sie in das Vereinsregister eingetragen sind. Über Schutzverbände vergl. RG. **60** 418; über Ärztekammer RGStr. **35** 267, **37** 175 und Anm. 9 § 3; über Handwerkerkammern RGStr. **44** 748; über Detaillistenvereine RGStr. **44** 748.

Außer den beiden genannten Voraussetzungen (Interessenvertretung und Prozeßfähigkeit) bestehen gesetzlich keine weiteren. Wettbewerblich interessiert gegenüber der betreffenden Handlung brauchen die Verbände nicht zu sein, um aktivlegitimiert zur Unterlassungsklage (und evtl. zum Strafantrag) zu sein; nur darf ihr satzungsmäßiger Zweck ihrer Interessenvertretung nicht dem betreffenden Gegenstand, um den es sich bei der Klage handeln soll, schlechterdings fremd sein (RGStr. **45** 355).

Zur Stellung von Strafanträgen sind sie nach § 22 UWG. nur für die Fälle der §§ 4, 8, 12 berechtigt; in anderen Fällen (z. B. § 15 usw.) könnte es nur der Vorstand als Bevollmächtigter der einzelnen Vereinsmitglieder tun (RGStr. **46** 45). Vergl. auch RG. in M. u. W. **19** 183.

4. Da § 10 auf § 7 zurückverweist, ist den Verbänden die Unterlassungsklage auch aus § 7 gegeben (OLG. Naumburg in M. u. W. **10** 257).

5. Die Streitfrage, ob Voraussetzung der Unterlassungsklage Wiederholungsgefahr ist (Rosenthal in LZ. **1910** 589), darf als entschieden gelten. Das RG. (insbes. **60** 12, **86** 254) hält die Besorgnis weiterer Beeinträchtigung für nötig, gibt jedoch dem Beklagten die Beweislast, daß keine Möglichkeit der Wiederholung gegeben ist (RG. in GR. u. U. **1911** 80, 276 sowie RGZ. **60** 155, **96** 245, **98** 269). Stets liegt Wiederholungsgefahr vor, wenn der Beklagte im Rechtsstreit die von ihm aufgestellten Behauptungen aufrechterhält; dagegen genügt die Erklärung im Prozeß, Beklagter werde die Behauptungen in Zukunft unterlassen, allein nicht, um die Besorgnis der Wiederholung auszuschließen (OLG. Dresden in M. u. W. **10** 194). Der Unterlassungsanspruch ist als ein vermögensrechtlicher Anspruch des betreffenden Geschäfts anzusehen, endigt mit dessen Aufhören, aber geht mit dem Geschäfte auf den Rechtsnachfolger über (vererblich und veräußerlich) (RGZ. **86** 254, GR. u. U. **1916** 69).

6. Also jede Fahrlässigkeit genügt; vergl. RG. in JW. **1900** 760 [33], das zu Unrecht eine so weitgehende Fahrlässigkeit verlangt, daß sie der Wissentlichkeit gleichsteht.

7. Über Verantwortung der Presse vergl. Fuld in M. u. W. **8** 49.

8. Was die einzelnen Bestimmungen des Gesetzes betrifft, die Strafandrohungen enthalten, so war man an sich darüber einig, daß diese Bestimmungen Schutzgesetze im Sinne des § 823 Abs. 2 BGB. seien. Es hätte also an sich einer besonderen Bestimmung über Schadensersatz nicht bedurft. Um aber alle in der Praxis etwa auftauchenden Zweifel von vornherein abzuschneiden, hat man die Nr. 2 des Abs. 2 noch ausdrücklich mit aufgenommen.

9. Die §§ 14 und 16 sind nicht mit aufgenommen, weil in ihnen die Schadensersatzpflicht besonders geregelt ist.

10. Früher haftete der Prinzipal für seine Angestellten lediglich nach allgemeinen Grundsätzen (§§ 830, 831 BGB.). Das UWG. läßt dies für die Frage, ob vom Prinzipal Schadensersatz für Handlungen seiner Angestellten gefordert werden kann, bestehen (vergl. jedoch über Anwendung des § 831 BGB. RG. in GR. u. U. **1915** 155); für die Unterlassungsklage dagegen statuiert es eine von Vorsatz, Fahrlässigkeit, ja selbst vom Wissen unabhängige Haftung des Prinzipals für die Handlungen Angestellter, gewissermaßen als Delikt des geschäftlichen Unternehmens.

Demnach kann, wenn Angestellte die im § 13 bezeichneten Paragraphen verletzen, der Inhaber des Betriebs auf Unterlassung ohne näheren Nachweis (auch ohne den Exkulpationsbeweis des § 831 BGB., vergl. OLG. Kolmar in M. u. W. **10** 353) in Anspruch genommen werden, er kann sich vor der Unterlassungsklage, soweit man für diese Wiederholungsgefahr als erforderlich ansieht, nicht schon lediglich durch Entlassung des Angestellten schützen (Rosenthal). Über Kosten in solchem Fall vergl. Pinner-Eyck Anm. II, 3. Er haftet auch auf Schadensersatz, wenn er Mittäter, Anstifter oder Gehilfe ist (§ 830 BGB.); ferner wenn der Fall des § 831 BGB. vorliegt; er hat jedoch in letzterem Fall die Einrede, daß er bei der Auswahl des Angestellten genügende Sorgfalt angewendet habe (vergl. über die Bestimmung des Abs. 3 Lobe in JW. **1909** 177; Wassermann in M. u. W. **8** 90; Pinner-Eyck S. 109 ff.).

§ 14.

Wer zu Zwecken des Wettbewerbes[1]) über das Erwerbsgeschäft[2]) eines anderen, über die Person des Inhabers oder Leiters des Geschäfts[3]), über die Waren oder gewerblichen Leistungen[4]) eines anderen Tatsachen behauptet[5]) oder verbreitet[6]), die geeignet sind, den Betrieb des Geschäfts oder den Kredit des Inhabers zu schädigen, ist, sofern die Tatsachen nicht erweislich wahr sind[7]), dem Verletzten zum Ersatze des entstandenen Schadens verpflichtet. Der Verletzte kann auch den Anspruch[8]) geltend machen, daß die Behauptung oder Verbreitung der Tatsachen unterbleibe.

Handelt es sich um vertrauliche Mitteilungen und hat der Mitteilende oder der Empfänger der Mitteilung an ihr ein berechtigtes Interesse[9]), so ist der Anspruch auf Unterlassung nur zulässig, wenn die Tatsachen der Wahrheit zuwider behauptet oder verbreitet sind. Der Anspruch auf Schadensersatz kann nur geltend gemacht werden, wenn der Mitteilende die Unrichtigkeit der Tatsachen kannte oder kennen mußte.[10])

Die Vorschrift des § 13 Abs. 3 findet entsprechende Anwendung.[11])

Lit.: Siegel in M. u. W. **9** 183.

1. Zum Zwecke des Wettbewerbes (vergl. RG. **60** 189 und Rosenthal in JW. **1919** 453), d. i. behufs Heranziehung oder überhaupt Abwendigmachung von Kunden eines Mitbewerbers oder sonstiger Schädigung, sei es im eigenen oder im fremden Interesse; ist die Herabsetzung aus anderen Beweggründen geschehen, dann greift nicht § 14, sondern unter Umständen § 15 Platz. Auch Verhinderung des Verlustes eigener Kunden ist Wettbewerkszweck (RG. in M. u. W. **15** 85).

Das Begriffsmerkmal des unlauteren Wettbewerbes im Sinne des vorliegenden Gesetzes ist nur da erfüllt, wo der Täter in einen wirtschaftlichen Kampf mit anderen eintreten will; das Ziel muß sein, in einer wider Treu und Glauben und die geschäftliche Wohlanständigkeit und Redlichkeit verstoßenden Weise den wirtschaftlichen Geschäftsbetrieb dieser anderen durch Schmälerung ihres Absatzes, durch Entziehung von Kunden oder sonstige Mittel zu beeinträchtigen und unproduktiver zu machen, gerade hierdurch aber dem eigenen Geschäftsbetrieb auf dem Markt des wirtschaftlichen Verkehrslebens eine größere Ausdehnung und gesteigerte Einträglichkeit zu verschaffen und gerade auf diesem Wege die den anderen Geschäftsinhabern entzogenen geschäftlichen Vorteile sich zuzuwenden. Es müssen also die auf beiden Seiten, d. h. die vom Täter und die von seinem Gegner bei ihrem geschäftlichen Betriebe, verfolgten Ziele die gleichen, und auf beiden Seiten muß der geschäftliche Betrieb darauf gerichtet sein, vollständig gleichen oder doch im wesentlichen übereinstimmenden wirtschaftlichen Bedürfnissen Dritter durch Zuführung geeigneter Bedürfnismittel zu Hilfe zu kommen und hierdurch den eigenen Geschäftsbetrieb vorteilhafter zu gestalten (RGStr. **32** 28).

Nicht nötig ist, daß der Wettbewerb zugunsten eines bestimmten Geschäftes erfolgt, auch nicht, daß er zuungunsten eines bestimmten Geschäfts geschieht (OLGR. **30** 259); wohl aber setzt § 14 Äußerungen über die Waren oder Leistungen eines bestimmten anderen voraus (OLGR. **27** 263), was ja mit der Differenzierung des Wettbewerbszwecks nicht identisch ist. § 14 ist auch beim Interessenkampf zweier Gruppen anwendbar (RG. in JW. **1902** 138), jedoch nur nach den Umständen des Falls (RGZ. **56** 271). Über Abwehr unlauteren Wettbewerbs RGZ. **59** 1 und in JW. **1905** 174; JW. **1904** 563.

2. Unter Erwerbsgeschäft ist jedes auf dauernden oder vorübergehenden Erwerb gerichtete Geschäft im Bereiche des Handels oder der Produktion gewerblicher Art zu verstehen. Vergl. auch RG. in JW. **1901** 85. Urteile über wissenschaftliche oder künstlerische Leistungen (Arzt, Rechtsanwalt, Künstler, Photograph) fallen natürlich nicht hierunter (vergl. auch RG. in JW. **1914** 644 [7]; tut dergleichen der Geschäftsgegner, so steht aber nach § 14 Gegenwirkung frei, KG. in OLGR. **30** 284). Bei Tatsachenbehauptung über den Gewerbebetrieb eines Patentanwalts ist das jedoch fraglich (bedenklich das Urteil des KG. in OLGR. **27** 282).

3. Inhaber ist der, auf dessen Namen und für dessen Rechnung der Betrieb geführt wird, Leiter, der im Namen des Inhabers statt desselben oder neben ihm das Geschäft in seiner Gesamtheit oder in einzelnen Zweigen führt. Vergl. auch RGZ. **24** 240.

4. Über Waren und gewerbliche Leistungen vergl. Anm. 8, 9 zu § 3.

5. Die Fassung „Tatsachen behauptet" ist gegenüber der früheren Fassung „Behauptungen tatsächlicher Art" (im Gesetz von 1896) gewählt worden, weil sie klarer den Willen des Gesetzes ausdrückt. Tatsache ist im Sinne dieses Paragraphen das erkennbar gezeichnete konkrete Geschehnis (RG. in JW. **1911** 780[49], also auch Manipulationen, die sich als Willensäußerung darstellen, RGZ. **60** 189), welches mit einer Person oder einer Sache in unmittelbare Verbindung gebracht wird. Das RG. hat auf Grund des UWG. angenommen, daß das Aussprechen von Urteilen dann als Angabe anzusehen ist, wenn ihre Unwahrheit objektiv nachweislich erscheint (RGStr. **44** 146). Behauptung von Tatsachen, aus denen Urteile gefolgert werden, sind Angaben im Sinne des § 3 (z. B. „Kaufleute, die Sonderrabatte gewähren, handeln unfair", RG. in M. u. W. **9** 200). Tatsachen und Urteile gehen oft in eins über (vergl. auch § 3 Anm. 14); oft hat letzteres ersteres zur integrierenden Voraussetzung; der einzelne Fall erfordert genaue Prüfung (RG. in JW. **1906** 93, **1904** 422). Über den Begriff „Tatsache" äußert sich RG. in M. u. W. **20** 158, als Tatsachen seien natürlich „nicht rein subjektive Urteile und Kritiken" zu verstehen. Wenn jedoch damit zugleich etwas als vorhanden hingestellt und an dieses Urteil geknüpft wird, um das als vorhanden Hingestellte zu beleuchten und zu bewerten, und damit die Möglichkeit gegeben ist, das Urteil auf seine Richtigkeit nachzuprüfen, so liegt eben darin gleichzeitig auch die Behauptung einer Tatsache. Das entspricht der ständigen Rechtsprechung des Reichsgerichts (RG. **58** 209, RG. II 156/09, 20. November 1909).

Tatsache im vorstehenden Sinne ist z. B. auch die behauptete (unwahre) Konkurseröffnung über das Vermögen eines Dritten oder die behauptete Wertlosigkeit einer Ware.

Über Warnungen vor Patentverletzungen als unter § 14 fallende Äußerungen: RGZ. **88** 437 = JW. **1917** 361 und RGZ. **94** 271 = JW. **1919** 453[16]; Rosenthal in LZ. **1919** 1104 und JW. **1919** 453 zu den genannten und anderen RG.-Urteilen und literarischen Äußerungen; ferner Eyck in M. u. W. **10** 139 und OLG. Hamburg ebenda 224.

Es genügt, daß die Behauptung mittelbar die gewerblichen Leistungen des anderen trifft. Behauptungen über das Erwerbsgeschäft eines Lieferers können daher Behauptungen über das Geschäft dessen, dem geliefert ist, enthalten (RGZ. **75** 61). Auch in stillschweigenden Mitteilungen, z. B. in dem Verkauf von anderen Waren als den geforderten, kann die Behauptung von Tatsachen liegen (RG. in LZ. **1910** 851), ebenso im Verkauf unter einem Namen, der für einen anderen geschützt ist (RGZ. **60** 189, RGStr. **45** 376).

6. Verbreiten ist einer beliebigen Personenzahl auf irgendwelche Weise zugänglich machen.

7. Die behauptete Verbreitung hat der Kläger, den Einwand der Wahrheit der Beklagte unter Beweis zu stellen (RG. in JW. **1901** 85; Rosenthal in JW. **1919** 453; vergl. auch Anm. 11). Über den Wahrheitsbegriff s. § 3 Anm. 15.

8. Der Anspruch des Klägers geht auf Schadensersatz, nach seinem Belieben auch auf fernere Unterlassung der Verbreitung (RGZ. **55** 199). Auch der Anspruch auf Schadensersatz erfordert weder Vorsatz noch Fahrlässigkeit. Das Verbreiten objektiv unrichtiger Angaben genügt als Klagegrund (RG. in JW. **1901** 809). Über Voraussetzung der Unterlassungsklage Anm. 5 zu § 13.

Berechtigt zur Erhebung der Klage aus § 14 auf Schadensersatz ist nur der tatsächlich vermögensrechtlich Verletzte, der einen solchen Schaden aus den gegnerischen Behauptungen herzuleiten vermag. Auch auf Unterlassung kann nur der „Verletzte" klagen. § 13 Abs. 1 und 2 ist nicht für anwendbar erklärt. S. § 13 Anm. 3.

Über den Tenor des Urteils auf Unterlassung vergl. RG. in JW. **1902** 276, **1901** 65.

9. Die Fassung des Abs. 2 ist gegenüber der Fassung des Abs. 2 in § 6 des Gesetzes von 1896 geändert. Zunächst dadurch, daß die Ausnahme nur auf vertrauliche Mitteilungen beschränkt ist. Zur Begründung wurde ausgeführt, daß das berechtigte Interesse ein zu weiter Begriff sei. Ein solches werde sich fast in jedem Fall konstruieren lassen. Andererseits sei zuzugeben, daß die Interessen der soliden kaufmännischen Auskunftsbureaus geschützt werden müssen. Deswegen werde man das Richtige treffen, wenn man außer dem berechtigten Interesse noch verlangt, daß es sich um vertrauliche geschäftliche Mitteilungen handle. Von seiten der Regierung wurde hervorgehoben, daß auch die neue Fassung eine sehr dehnbare sei.

Eine weitere Änderung ist die Gestaltung des Anspruchs bei Vorhandensein berechtigten Interesses. Nach früherem Recht fiel in diesem Falle die Klage auf Unterlassung und Schadensersatz fort; nur nahm man an, daß bei wissentlich falscher Verbreitung kein berechtigtes Interesse möglich, daher die Klagen gegeben seien (RGZ. **50** 109).

Nach jetzigem Recht ist bei Verbreitung objektiv unwahrer Tatsachen die Klage auf Unterlassung gegeben; im Gegensatz zu Abs. 1 hat Kläger die Unwahrheit zu beweisen. Schadensersatz kann auch bei Vorhandensein berechtigten Interesses, bei Vorsatz oder Fahrlässigkeit des Mitteilenden verlangt werden. Die Vorschrift geht also weiter als § 824 BGB., da sie auch für den Fall der Fahrlässigkeit trotz berechtigten Interesses einen Schadensersatzanspruch gibt. Der Einwand des berechtigten Interesses ist also durch die neue Vorschrift in seiner Anwendung gegen früher beschränkt. Über das Verhältnis des § 824 BGB. (der Verschulden — auch Fahrlässigkeit — voraussetzt) zu den §§ 14 und 15 UWG. (die nicht erweislich wahre Behauptungen voraussetzen) vergl. RGZ. **94** 271 = JW. **1919** 453 [16] und Rosenthal dazu in JW. ebenda; ferner RG. in JW. **1915** 34 [18], wo es heißt: „Ist die Behauptung objektiv wahrheitswidrig, so liegt der Tatbestand des § 15 UWG. und des § 824 BGB. vor, wenn die Behauptung wider besseres Wissen aufgestellt ist, nur der des § 824, wenn sie fahrlässigerweise aufgestellt ist.“ Aber im letzteren Falle kommt auch § 14 UWG. in Betracht.

Die Bemerkung, daß die Mitteilung „streng vertraulich" sein solle, genügt nicht, wenn sie in Wirklichkeit weiter verbreitet werden sollte (RG. in M. u. W. **9** 390), während andererseits ein ausdrücklicher Hinweis auf vertrauliche Behandlung nicht nötig ist, sofern sich diese aus den Umständen ergibt (RG. in M. u. W. **15** 84).

10. Die Wahrnehmung eines berechtigten Interesses an Mitteilungen der im Abs. 1 gedachten Art kann nicht aus dem Zwecke des Wettbewerbes allein hergeleitet werden; ein solches besonderes Interesse muß vielmehr außerhalb dieses Zweckes vorhanden sein, wodurch die objektiv unwahre Behauptung ihre Unerlaubheit verliert (RG. in JW. **1904** 185 und OLGR. **11** 428, RG. in M. u. W. **6** 90; RG. in JW. **1910** 443 [69]).

11. Die Beweislast bei diesem Paragraphen regelt sich wie folgt: Hat jemand eine Tatsache behauptet, und wird er auf Grund des § 14 auf Unterlassung oder Schadensersatz in Anspruch genommen, so muß er nachweisen, daß die Tatsache der Wahrheit entspricht. Bei der Klage auf Schadensersatz muß der Kläger ein schuldhaftes Verhalten des Beklagten nachweisen.

Handelt es sich um eine der Mitteilungen, die im Abs. 2 bezeichnet sind, so muß der Kläger seinerseits nachweisen, daß die Tatsache unrichtig ist.

Dasselbe, sowie daß der Beklagte die Tatsache kannte oder kennen mußte, muß er bei der Klage auf Schadensersatz, wenn es sich um eine der in Absatz 2 bezeichneten Mitteilungen handelt, nachweisen.

§ 15.[1])

Wer wider besseres Wissen über das Erwerbsgeschäft eines anderen, über die Person des Inhabers oder Leiters des Geschäfts, über die Waren oder gewerblichen Leistungen eines anderen Tatsachen der Wahrheit zuwider behauptet[2]) oder verbreitet, die geeignet

sind, den Betrieb des Geschäfts zu schädigen, wird mit Gefängnis bis zu einem Jahre und mit Geldstrafe bis zu fünftausend Mark oder mit einer dieser Strafen bestraft.

Werden die im Abs. 1 bezeichneten Tatsachen in einem geschäftlichen Betriebe von einem Angestellten oder Beauftragten behauptet oder verbreitet, so ist der Inhaber des Betriebs neben dem Angestellten oder Beauftragten strafbar, wenn die Handlung mit seinem Wissen geschah.[3])[4])

1. Der hier aufgestellte strafrechtliche Tatbestand der Geschäftsbetriebsschädigung durch Verleumdung hat zur Voraussetzung: die Aufstellung einer positiven Behauptung seitens des Beschuldigten, die Kenntnis der Unwahrheit der Behauptung durch ihn, die Geeignetheit der Behauptung zur Geschäftsbetriebsschädigung. Nicht entschuldigt hier der Einwand berechtigten Interesses.

Das Motiv der Tat, das übrigens für die Anwendung des vorstehenden Paragraphen ohne grundsätzliche Bedeutung ist (vergl. RGStr. **31** 65), kann außer Wettbewerb ein verschiedenes sein, z. B. Rachsucht, Schikane, Verhöhnung; aber auch Rechtsirrtum, der vor Strafe nicht schützt.

Unter welchen begleitenden Umständen, namentlich ob innerhalb oder außerhalb des geschäftlichen Verkehrs, die falsche Behauptung aufgestellt ist und an wen sie gerichtet ist, ist rechtlich unerheblich; auch in einer Anzeige an die zuständige Behörde kann der vorgedachte Tatbestand gefunden werden (RGStr. **31** 65), oder auch in stillschweigendem Handeln, das einer Behauptung gleich ist, so wenn einem eine bestimmte Ware (mit geschütztem Namen) fordernden Kunden eine andere, ähnliche oder gleichwertige, ohne weitere Aufklärung verabfolgt wird (die bekannte „Aspirin"-Entscheidung des RG. in RGStr. **45** 376).

Nicht nötig ist, daß die Behauptung ehrenkränkender Natur ist, es genügt z. B. die Behauptung, der Konkurrent sei wegen

Krankheit nicht in der Lage, zu liefern, die Fabrik sei abgebrannt, usw. (RGStr. **44** 148 und in M. u. W. **10** 349).

Die Strafverfolgung tritt, da es sich um ein gegen eine Privatperson gerichtetes Vergehen handelt, nur auf Antrag ein (§ 22). Zur Antragstellung ist der berechtigt, der durch die vorgenannten Behauptungen in seinem Geschäftsbetriebe geschädigt werden kann. Die Strafverfolgung kann seitens des Antragstellers mittels der Privatklage betrieben werden, sofern nicht die Staatsanwaltschaft im öffentlichen Interesse die Verfolgung übernimmt.

Im Falle der Verurteilung muß dem Verletzten die Befugnis zur Veröffentlichung der Verurteilung ausgesprochen werden, der Verletzte kann nicht auf dieses Recht, wohl aber auf die Veröffentlichung selbst verzichten. Andererseits kann, nicht aber muß die Freisprechung veröffentlicht werden (§ 25).

Über das Verhältnis zu § 824 BGB. s. § 14 Anm. 9.

2. Früher „Behauptungen tatsächlicher Art aufstellt". Die Änderung hat augenscheinlich nur sprachliche Bedeutung. Über den Wahrheitsbegriff s. § 3 Anm. 15.

3. Vergl. § 4 Abs. 2. Wissenmüssen genügt nicht.

4. Die zivilrechtliche Unterlassungsklage ist weder hier noch im § 13 erwähnt; sie wurde jedoch schon nach altem Recht für zulässig erachtet (RG. in JW. **1903** 128 und Goldschmidt in GR. u. U. **1910** 80; dort auch über die zivilrechtliche Haftung des Inhabers für den Gehilfen).

§ 16.

Wer im geschäftlichen Verkehr[1]) einen Namen[2]), eine Firma[3]) oder die besondere Bezeichnung eines Erwerbsgeschäfts[4]), eines gewerblichen Unternehmens[5]) oder einer Druckschrift[6]) in einer Weise benutzt[7]), welche geeignet[8]) ist, Verwechselungen mit dem Namen, der Firma oder der besonderen Bezeichnung[9]) hervor-

zurufen, deren sich ein anderer befugterweise bedient[10]), kann von diesem[11]) auf Unterlassung der Benutzung in Anspruch genommen werden.

Der Benutzende ist dem Verletzten zum Ersatze des Schadens verpflichtet, wenn er wußte oder wissen mußte, daß die mißbräuchliche Art der Benutzung geeignet war, Verwechselungen hervorzurufen.

Der besonderen Bezeichnung eines Erwerbsgeschäfts stehen solche Geschäftsabzeichen und sonstigen zur Unterscheidung des Geschäfts von anderen Geschäften bestimmten Einrichtungen gleich, welche innerhalb beteiligter Verkehrskreise als Kennzeichen des Erwerbsgeschäfts gelten.[12]) Auf den Schutz von Warenzeichen und Ausstattungen (§§ 1, 15 des Gesetzes zum Schutze der Warenbezeichnungen vom 12. Mai 1894, Reichs-Gesetzbl. S. 441) finden diese Vorschriften keine Anwendung.[13])

Die Vorschrift des § 13 Abs. 3 findet entsprechende Anwendung.[14])

1. Geschäftlicher Verkehr ist im weitesten Sinne zu verstehen, er umfaßt die Geschäftsverbindungen aller Gewerbetreibenden, auch der sogenannten höheren Gewerbetreibenden, des Arztes (OLGR. **30** 257), des Rechtsanwaltes (RGZ. **99** 190), des Patentanwaltes, des Apothekers, des Technikers, Chemikers u. a. mit dem Publikum und untereinander. Staatliche Werft ist kein Geschäftsbetrieb (JW. **1918** 446 [9]), wie jede staatliche Tätigkeit aus dem Begriff des Geschäftsverkehrs ausscheiden muß.

2. Der Namensschutz ist in § 12 BGB. geregelt. Ergänzend greift § 16 ein, insbesondere, indem er eine an sich befugte Benutzung des Namens bei Verwechselungsgefahr verbietet; so wenn jemand zum Zwecke des Wettbewerbs einen Sozius annimmt, der den bekannten Namen eines Wettbewerbers als eigenen Namen führt; aber hier ist sehr genau zu unterscheiden,

ob der befugt geführte Name durch Zusätze geflissentlich und in lauterer Absicht gegenüber den Mitbewerbern unterschieden wird, oder ob die verwechselungsfähige Benutzung mit einer Art dolus eventualis gebraucht wird. Treffend hierüber Rosenthal (und Osterrieth), GR. u. U. **1918** 147 und Wassermann in M. u. W. **15** 349; ferner RG. in M. u. W. **16** 190 und **16** 238, **13** 66, 67. Die subjektive Lauterkeit ist geeignet, die objektive Verwechselungsgefahr zu modifizieren.

§ 16 gilt auch für juristische Personen.

Ist ein Name, z. B. Liebig, auf dem Gebiete der Herstellung des Fleischextrakts Gemeingut geworden, so kann niemand ein ausschließliches Recht an diesem Namen erwerben (RG. in JW. **1906** 397 „Kurhaus").

Dagegen ist unzulässig der Gebrauch eines fremden Namens lediglich zur Ankündigung einer gleichartigen und deshalb gleichwertigen Herstellung der Ware (RGStr. **29** 331), auch nicht mit dem Zusatz „Ersatz" (RGZ. **86** 123). Ähnlich ist in ständiger Rechtsprechung des Reichsgerichts und des Kammergerichts „Pilsener" oder „Münchener" Bier als Herkunftsbezeichnung, nicht als Artbenennung gewürdigt worden, wohl aber mit unverkennbarem örtlichem Zusatz, wie „Radeberger Pilsener", zum Gebrauch als Artbenennung gestattet worden (vergl. RGZ. **79** 250 und RG. in JW. **1915** 1361 [3], in GR. u. U. **1915** 98 ff.); s. § 5 Anm. 4.

Ebenso verstößt gegen die vorstehende Bestimmung die unbefugte, zur Irreführung geeignete Annahme des Namens eines anderen Vereins oder die warenzeichenmäßig gegen eines anderen Recht verstoßende Benutzung einer an sich berechtigten Herkunftsbezeichnung (RGZ. **95** 292, RG. in JW. **1915** 1262 [7] „Singer-Nähmaschine").

Zulässig ist dagegen, mit einem Namen auf eine wahre historische Tatsache hinzuweisen, ohne damit den Namen für sich in Anspruch zu nehmen (LG. Leipzig in LZ. **1910** 253), z. B. der Namensträger sei früherer Geschäftsinhaber oder „früher in Firma X", der Künstler der Schüler von U. usw. (OLG. Dresden in M. u. W. **10** 195, RG. in JW. **1921** 621 [1]).

3. Die Firma ist der Name, unter welchem der Gewerbetreibende seine Geschäfte betreibt; ob sie im Handelsregister eingetragen ist oder nicht, ist gleichgültig (RGZ. **63** 138, **75** 370, JW. **1918** 307[12]). Über Zusätze wie G. m. b. H. oder Ortsbezeichnungen vergl. RG. in JW. **1906** 774. Die Priorität des Gebrauchs entscheidet (RG. in JW. **1911** 378[46]); bei Kollision des Gesetzes von 1896 mit dem von 1909 vergl. RGZ. **77** 27 und **78** 265.

An sich regelt § 17 f. HGB. den Firmenschutz. Ergänzend tritt außer §§ 14, 20 WZG. § 16 hinzu, indem er bei Verwechselungsgefahr auch Rechte gegen den gibt, der eine ihm auch nach dem HGB. zustehende Firma benutzt (s. Anm. 2 und 7).

4. Erwerbsgeschäft ist jedes als Nahrungszweig, gleichviel ob dauernd oder vorübergehend, mit oder ohne behördliche Konzession, versteuert oder unversteuert, betriebene Geschäft. Zu den besonderen Bezeichnungen eines Erwerbsgeschäfts gehören auch die „frei erfundenen Phantasienamen und Schlagwörter, wie sie von Verkaufsgeschäften, Hotels, Gastwirtschaften, Theaterunternehmungen usw. benutzt werden", um die Aufmerksamkeit anzuregen und als Unterscheidungsmerkmal zu dienen (Begr.; vergl. auch Wassermann in M. u. W. **6** 182 und Abs. 3 dieses Paragraphen).

5. Gewerbliches Unternehmen kann ein selbständiges Geschäft oder die Ausführung eines solchen sein.

6. Besonders der Titel ist schutzberechtigt (RG. **40** 19). Zum Erwerb des Rechts auf die besondere Bezeichnung einer Druckschrift genügt die Priorität der Benutzung; eine Anerkennung der beteiligten Kreise ist — im Gegensatz zum Ausstattungsschutz § 15 WZG.) — hier nicht nötig (RG. **74** 349). Entscheidungen in Fragen des Titelschutzes RG. **74** 349, **88** 306, **90** 183, GR. u. U. **1921** 59, M. u. W. **20** 43, JW. **1917** 718[14], OLGR. **41** 4 ff.

7. In welcher Weise die mißbräuchliche Benutzung vorgenommen wird, ist gleichgültig, sie kann auch mit dem eigenen Namen und der eigenen Firma vorgenommen werden (RG. in M. u. W. **9** 162, **14** 14); s. a. Anm. 2. Über Verwechselungsmöglichkeit durch Benutzung des Schlagworts einer Firma RG. in LZ. **1908** 790 und in M. u. W. **10** 251; ferner RGZ. **95** 292 (selbst bei an sich zutreffender und wahrhaftiger Herkunftsbezeichnung).

8. Die frühere Fassung „welche darauf berechnet und geeignet ist", die also die Verwechselungsabsicht als Tatbestandsmerkmal für die Unterlassungs- und Schadensersatzklage aufstellte, ist fallengelassen. „Man hat geltend gemacht, daß das Erfordernis der Verwechselungsabsicht die Anwendung der Vorschrift in einer dem praktischen Bedürfnis entsprechenden Weise einschränkt, soweit es sich um den Unterlassungsanspruch handelt. Dieser müsse zur Abwehr drohender Schädigung gegeben werden, sobald nur objektiv die Tatsache besteht, daß die Benutzung der Bezeichnung eine Irreführung des Publikums hervorzurufen geeignet ist." (Begr.)

Demnach genügt für die Unterlassungsklage der Beweis der objektiven Verwechselungsmöglichkeit (RGZ. **78** 265, **91** 212, **95** 292); die Irreführung eines Teils des Publikums ist genügend (RG. in JW. **1911** 378[46]). (Das RG.-Urteil RGZ. **78** 111 ist nicht ohne Bedenken.) In Betracht kommen die im Einzelfall betroffenen Kreise (RG. in JW. **1910** 122[32] und in M. u. W. **9** 397); deren Urteil ist maßgebend, nicht etwa schon die Verwechselung durch die Post. Für die Schadensersatzklage ist nötig, daß Verwechselung beabsichtigt war oder vorausgesehen werden konnte, nicht aber, daß Verwechselungen wirklich vorgekommen sind (RG. in M. u. W. **11** 119).

9. Besondere Bezeichnungen sind freigewählte Bezeichnungen oder Stichworte, die sich im Verkehr eingebürgert haben und einen eigentümlichen Charakter besitzen, der sie von anderen gleichartigen Bezeichnungen unterscheidet. Es müssen Schlagworte sein (OLGR. **25** 364, **34** 161). Gegensatz dazu ist die Gattungsbezeichnung (RGZ. **91** 212, **90** 183). Aber manche Spezialbezeichnung wird im Laufe der Zeit Gattungsbezeichnung und manche Gattungsbezeichnung kann sich durch Gebrauch spezialisieren. Namen, die Gemeingut sind (z. B.

Kurhaus, Hospiz [RG. in JW. **1913** 441[21]], Wiener Café, Restaurant usw.) können keine besonderen Bezeichnungen sein. Eigenartige Zusätze zu dem Namen können sie aber in dieser Verbindung zu besonderen Bezeichnungen machen.

10. Befugterweise bedient sich jemand des Namens, der Firma oder einer besonderen Bezeichnung, wenn er den Namen aus natürlichen Gründen trägt (s. aber Anm. 2) oder frei geschaffen hat (s. Anm. 9) und wenn die Benutzung noch andauert. Hier liegt eine Frage der Priorität vor. Die Benutzung darf nicht aufgehört haben und sie muß bereits in der Öffentlichkeit begonnen haben. Bloßes Planen genügt nicht. Nur zeitweise Unterbrechung der gewöhnlichen Benutzung hebt das Recht nicht auf, z. B. wenn eine Zeitschrift ihr Erscheinen sistiert, aber noch ältere Jahrgänge zu Verkauf stellt (vergl. auch RG. in JW. **1921** 625[4], OLGR. **30** 288).

11. Anspruchsberechtigt ist der, dem das Recht auf Führung des Namens, der Firma oder der besonderen Bezeichnung des Erwerbsgeschäftes zusteht. Gegner ist bei Aktiengesellschaften und G. m. b. H. die Gesellschaft als solche, nicht etwa sind es die Gesellschafter (RG. in GR. u. U. **1911** 176). Über den Tenor des Unterlassungsurteils RG. in JW. **1906** 365, **1905** 410, **1905** 701 und in GR. u. U. **1911** 276. Es kann neben Unterlassung des Gebrauchs der Firma auch Unterlassung des Gebrauchs des in der Firma enthaltenen Schlagworts gefordert werden (z. B. auch ein Phantasiewort, das einem Mitbewerber als Warenzeichen eingetragen ist, OLG. München in OLGR. **32** 246).

12. Zu dieser Bestimmung sagt die Begr.:

„Neuerdings hat sich neben der Art der Bezeichnung von Erwerbsgeschäften auch die Gewohnheit bemerkbar gemacht, die Unterscheidung von anderen Geschäften durch die besondere Art der äußeren Anordnung, der Gestalt oder Ausstattung von Geschäftseinrichtungen hervorzuheben, z. B. durch die Ausstattung der Geschäftswagen oder sonstiger Wirtschaftsgegenstände, die Wahl eindrucksvoller Bekleidung für die Bediensteten des Geschäfts, durch Anbringung von Emblemen, Bildern und sonstigem Aufputz an den Geschäftshäusern oder durch die Ausstattung der Schaufenster, Warenkataloge, Zirkulare und sonstigen Druckschriften. Die Erfahrung zeigt, daß derartige Veranstaltungen einen eigentümlichen unterscheidenden Charakter gewinnen können und, nachdem sie im Publikum Ansehen und Anerkennung gefunden haben, von anderen Gewerbetreibenden mißbräuchlich zu dem Zwecke verwendet werden, um Verwechselungen hervorzurufen. Derartige Geschäftsabzeichen sollen deshalb, sofern sie innerhalb der beteiligten Verkehrskreise als Kennzeichen eines Erwerbsgeschäftes gelten, den gleichen Schutz finden wie die Bezeichnungen, auf welche gegenwärtig die Vorschrift des § 8 Anwendung findet."

Die Geschäftsabzeichen (z. B. Schildchen mit einer Bildermarke, z. B. gekreuzten Schlüsseln) müssen auf das Geschäft eines bestimmten Gewerbetreibenden hindeuten. Neuheit und Eigenart ist nicht unbedingt erforderlich (RG. in JW. **1911** 827[49]).

13. „Im Interesse zutreffender Abgrenzung gegen die Vorschriften des Warenbezeichnungsgesetzes ist im letzten Satz des § 16 des Entwurfs ausdrücklich hervorgehoben, daß die neuen Vorschriften auf den Schutz von Warenzeichen und Ausstattungen keine Anwendung finden. Hiermit ist insbesondere klargestellt, daß die Voraussetzungen, unter denen ein Warenzeichen den gesetzlichen Schutz verlangt, sowie Art und Umfang des Schutzes gegen andere sich ausschließlich nach den Vorschriften jenes Gesetzes richten. Dadurch wird aber nicht ausgeschlossen, daß die besondere Art der Benutzung eines Warenzeichens durch den Eingetragenen unter Umständen eine Handlung darstellt, auf welche die Vorschriften des vorliegenden Entwurfs Anwendung finden." (Begr.) Über das Verhältnis des § 16 zum Markenschutzgesetz vergl. Klöppel in GR. u. U. **1910** 329; s. auch oben Anm. 11 am Ende und § 1 Anm. 4. Namentlich besteht eine solche rege Verbindung zwischen Markenschutz und unlauterem Wettbewerb bei der Frage des Ausstattungsschutzes nach § 15

WZG. (vergl. auch RGZ. **79** 415 und RG. in M. u. W. **20** 33 = GR. u. U. **1921** 67).

14. Rückwirkung des jetzigen Gesetzes auf vor dem 1. Okt. 1909 eingetragene, nach früherem Gesetz erlaubte Firmen tritt nicht ein (RG. in JW. **1911** 828[50]).

§ 17.

Mit Gefängnis bis zu einem Jahre und mit Geldstrafe bis zu fünftausend Mark oder mit einer dieser Strafen wird bestraft, wer als Angestellter[2]), Arbeiter[1]) oder Lehrling eines Geschäftsbetriebs Geschäfts- oder Betriebsgeheimnisse[3]), die ihm vermöge des Dienstverhältnisses anvertraut oder sonst zugänglich geworden sind[4]), während der Geltungsdauer des Dienstverhältnisses[5]) unbefugt[6]) an andere zu Zwecken des Wettbewerbes[7]) oder in der Absicht[8]), dem Inhaber des Geschäftsbetriebs Schaden zuzufügen, mitteilt.

Gleiche Strafe trifft denjenigen[9]), welcher Geschäfts- oder Betriebsgeheimnisse, deren Kenntnis er durch eine der im Abs. 1 bezeichneten Mitteilungen oder durch eine gegen das Gesetz[10]) oder die guten Sitten[11]) verstoßende eigene Handlung erlangt[12]) hat, zu Zwecken des Wettbewerbes[13]) unbefugt verwertet oder an andere mitteilt.[14])

Die Vorschriften über Schutz von Geschäfts- und Betriebsgeheimnissen entsprechen bis auf redaktionelle Änderungen (§ 19 ist aus § 17 herausgenommen) und Verschärfung der Strafe sowie Aufnahme einer neuen Bestimmung (§ 18) dem Gesetz von **1896**.

Da alle Verbote des Ges. gleichmäßig zu verhindern bezwecken, daß die Erwerbstätigkeit des einen vor der konkurrierenden des anderen durch unlautere Mittel den Vorrang erreicht, so ist das Verbot des Abs. 1 auch auf den Fall anwendbar, daß ein Angestellter oder Arbeiter zum Zwecke des eigenen Wettbewerbes das Geschäfts- oder Betriebsgeheimnis anderen mitteilt (RGStr. **33** 7).

Über das Verhältnis dieses Paragraphen zu § 242 StGB. RG. in JW. **1905** 548, zu § 823 BGB. RGZ. **92** 132.

1. Unter Arbeiter ist jede Person zu verstehen, die in einem Erwerbsgeschäft oder bei einem gewerblichen Unternehmen auf Grund eines Vertragsverhältnisses für Zwecke des Geschäftsbetriebes als Gehilfe, Geselle oder Lehrling, als Betriebsbeamter, Werkmeister, Techniker, Fabrikarbeiter oder in ähnlicher Stellung dauernd oder vorübergehend gegen nach Zeit oder nach Leistung bemessenen Lohn beschäftigt ist. Vergl. RGStr. **9** 264.

2. Angestellter ist der Gehilfe in einem Geschäft, der eine mehr oder weniger selbständige, vorwiegend eine kaufmännische Stellung einnimmt. Es gehören hierzu Handlungs- und Gewerbegehilfen, Reisende, Hilfspersonal, Direktoren von Gesellschaften usw. — Ob die Personen mit Arbeiten, die fachtechnische Kenntnisse erfordern, oder mit anderen Arbeiten beschäftigt sind, ist gleichgültig. Auch Künstler können als Gewerbegehilfen angesehen werden.

3. Geschäfts- oder Betriebsgeheimnis kann jede Tatsache sein, die wirklich geheim (RGStr. **25** 48, **29** 426), für den Betrieb des Geschäftes von Wichtigkeit ist und die dem anderen als geheim zu halten bewußt oder bezeichnet (RG. in M. u. W. **10** 313) sein muß (z. B. Verfahren, Herstellungsart, Rezept [vergl. § 18], Gebrauchsanweisung), ferner z. B. auch die Absatzquellen des Kaufmanns (RG. in JW. **1906** 497). Über Kundenverzeichnisse vergl. RGStr. **31** 93, **33** 627, **39** 321, RG. in M. u. W. **10** 95, OLGR. **30** 292, 293; Geschäftsbeziehungen zur Kundschaft RG. in M. u. W. **15** 127; Adressenmaterial RG. in M. u. W. **9** 392; Vorschriften über Akkordlohn RG. in M. u. W. **9** 391; Musterbücher RGStr. **42** 394; Preiskalkulationen RGStr. **35** 136; Einrichtung von Maschinen RGStr. **40** 406; Verfahren zur Herstellung von Gegenständen RG. in M. u. W. **10** 62; Zeichnungen einer eigenartigen Möbeleinrichtung RG. in JW. **1915** 51[22]; eine in Aussicht stehende Lieferung OLG. Frankfurt in M. u. W. **10** 101; einzelne Geschäftsvorkommnisse RG. in M. u. W. **10** 313; Lieferungsverträge OLGR. **11** 430; Submissionsofferte RG. in JW. **1905** 352; sonstige Adressen RG. in LZ. **1908** 702; überraschendes Herausbringen eines neuen Artikels RGStr. **48** 12; Bezugsquellen RGStr. **45** 254. Näheres vergl. Pinner-Eyck S. 144 ff.

Auch in der unbefugten Mitteilung der in einer Fabrik angefertigten Modelle kann eine Mitteilung von Geschäfts- und Betriebsgeheimnissen gefunden werden (RGStr. **31** 90).

Das Geheimnis muß als solches anvertraut, d. i. dem Vertrauen des anderen übergeben, oder sonst zugängig, d. i. auf irgendwelche nur mögliche, zufällige oder erstrebte Weise bekannt geworden sein. Ein wesentliches Erfordernis des Begriffes Geheimnis ist der Umstand, daß sein Inhalt Unberufenen unbekannt ist. Ist der Inhalt sonstwie bekannt, dann liegt ein Geheimnis nicht vor. Ob der Inhalt als bekannt anzusehen ist, ist stets im einzelnen Falle zu entscheiden (vergl. RGStr. **13** 60, **38** 108, **40** 406, ferner RGZ. **65** 333). Die Mitteilung an eine beschränkte Zahl von Interessenten braucht noch keine Aufhebung des Geheimnisses zu sein (RGStr. **38** 108, Str. **42** 396 und in JW. **1911** 869[33]). Daß der Inhalt der Geschäftsbücher eines Gewerbetreibenden über Einnahmen, Ausgaben und Reingewinn ein Geheimnis im Sinne des § 9 darstellt, liegt auf der Hand. (Vergl. hierzu RGStr. **29** 428.)

Übrigens kann ein Betriebsgeheimnis als verletzt angesehen werden, wenn die das Geheimnis bildende Tatsache zwar in einer früheren Tatsache bekannt gewesen, jedoch zur Zeit der unbefugten Mitteilung an Dritte unbekannt war (RGStr. **31** 90). Auch kann etwas, was als Betriebsgeheimnis mangels Neuheit nicht gelten kann, doch als Geschäftsgeheimnis in Betracht kommen (RGStr. **48** 12).

Über Erfindungen der Angestellten vergl. Pinner-Eyck S. 149 und Schanze in M. u. W. **9** 211.

4. Vermöge des Dienstverhältnisses zugänglich geworden ist ein Geheimnis einem Angestellten auch dann, wenn dieser es durch Bestechung eines Mitangestellten ausgekundschaftet oder in Erfahrung gebracht hat (RGStr. **33** 354).

Ein in einer Fabrik angestellter Chemiker, der nach dem Dienstvertrage die von ihm gemachten Erfindungen der Fabrik zur Ausbeutung zu überlassen hat, ist als eine Person anzusehen, der die von ihr gemachte einzelne, geheimzuhaltende Erfindung vermöge des Dienstverhältnisses anvertraut gewesen ist (RGStr. **32** 136).

5. Die Schweigepflicht erstreckt sich auf die ausdrücklich oder stillschweigend vereinbarte Dauer des Dienstverhältnisses (RGStr. **39** 83), besteht also noch, auch wenn der Dienst tatsächlich vor Ablauf der vereinbarten Zeit aufgegeben wird, und auch bereits nach Vertragsschluß vor Antritt des Dienstes (RGStr. **50** 130). Ebenso ist es gleichgültig, ob der Dienst gegen oder ohne Entgelt geleistet wird.

Auch bei der Beratung des neuen Gesetzes wurde wieder versucht, die Strafbarkeit über die Dauer des Dienstverhältnisses auszudehnen. Alle dahin gehenden Anträge wurden aber abgelehnt. Vergl. auch RG. **65** 333; jedoch kann Verletzung einer über die Dauer des Dienstverhältnisses vereinbarten Schweigepflicht zivilrechtlich haftbar machen.

6. Unbefugte Mitteilung liegt nicht vor, wenn der Angestellte usw. als Zeuge vernommen wird (RG. in M. u. W. **10** 386). Strenge Auslegung des Tatbestands der „Mitteilung an einen anderen" RGStr. **51** 184.

7. Das Vorliegen des Wettbewerbszwecks wurde vom RG. (RGZ. **92** 135) verneint für den Tatbestand der Beantwortung eines Fragebogens über Anstellungs- und andere geschäftliche Verhältnisse behufs Auskunfterteilung durch einen Arbeitnehmerverband, bejaht (RGStr. **45** 254) für den Versuch eines Syndikats, die Bezugsquelle einer unter Syndikatspreis liefernden Firma zu erfahren. S. auch § 20 Anm. 3, namentlich auch RGStr. **51** 184.

8. Das Bewußtsein der Rechtswidrigkeit ist kein Tatbestandsmerkmal des § 17 (RG. in M. u. W. **10** 313).

9. Voraussetzung ist entweder Wettbewerbszweck oder Absicht der Schädigung; dolus eventualis genügt nicht (RGZ. **92** 135). Das Vergehen nach Abs. 2 kann auch von Angestellten im Sinne des Abs. 1 begangen werden (RGStr. **33** 62, **39** 83). Über Konkurrenz mit Diebstahl vergl. RGStr. **44** 207.

10. Gegen das Gesetz, d. i. gegen eine positive Rechtssatzung, eine ausdrückliche Gesetzesvorschrift zivil- oder strafrechtlichen Inhaltes, z. B. Diebstahl, Unterschlagung, Erpressung usw.

11. Ob eine Handlung gegen die guten Sitten verstößt, ist „nach dem herrschenden Volksbewußtsein, dem Anstandsgefühl aller billig und gerecht Denkenden, unter Umständen mit Rücksicht auf die Sittenanschauung eines bestimmten Volkskreises, zu beurteilen" (Achilles-Greiff, BGB. Anm. 2 zu § 138. Vergl. überhaupt die Kommentare zum BGB. § 138 und 826.). Vor allem auch verstoßen die Handlungen gegen die guten Sitten, die einen Bruch des vom Geschäftsherrn in den Angestellten (Arbeitgeber in den Arbeitnehmer) gesetzten Vertrauens in sich tragen (RGStr. **33** 66). Vergl. Anm. 4 zu § 1 und RGZ. **65** 333.

12. Nur die im vorstehenden Sinne rechtswidrige Erlangung, nicht die Verwertung der Kenntnisse eines Geschäfts- usw. Geheimnisses ohne rechtswidrige Erlangung ist straffällig, mag letztere moralisch auch verwerflich sein (RGStr. **30** 251, OLGR. **11** 430).

13. Also liegt Strafbarkeit nach Abs. 2 nicht vor, wenn die Verwertung ohne Wettbewerkszwecke in der Absicht, Schaden zuzufügen, geschah (RG. in M. u. W. **10** 218).

Das Vergehen gegen Abs. 2 kann gegenüber der Anstiftung zum Vergehen aus Abs. 1 eine selbständige strafbare Handlung sein (RG. in M. u. W. **10** 63).

14. Unter Mitteilung ist jede Art der Zugängigmachung auf mündlichem, schriftlichem, bildlichem oder symbolischem Wege zu verstehen. Über Verwertung RGStr. 40 406 und RG. in M. u. W. 10 96. S. auch oben Anm. 6.

§ 18.[1])

Mit Gefängnis bis zu einem Jahre und mit Geldstrafe bis zu fünftausend Mark oder mit einer dieser Strafen wird bestraft, wer[2]) die ihm im geschäftlichen Verkehr anvertrauten[3]) Vorlagen oder Vorschriften technischer Art,[4]) insbesondere Zeichnungen, Modelle[5]), Schablonen, Schnitte, Rezepte, zu Zwecken des Wettbewerbes unbefugt verwertet oder an andere mitteilt.[6])[7])

1. „Nach einer anderen Richtung hin erscheint der Ausbau der Vorschriften über den Schutz anvertrauter Interessen und Rechtsgüter gegen unlautere Ausnutzung im Erwerbsleben angezeigt. Aus den Kreisen der Stickerei- und Spitzenindustrie ist über den Mißbrauch Klage geführt worden, der von Unternehmern mit den ihnen von den Fabrikanten zur Ausführung von Aufträgen übergebenen Schablonen getrieben wird. Diese Unternehmer, meist sogenannte Lohnmaschinenbesitzer, benutzen die Schablonen zur Herstellung von Waren, die sie zum Schaden des Auftraggebers auf eigene Rechnung vertreiben. Es wird berichtet, daß Aufkäufer die Betriebsräume der Lohnmaschinenbesitzer besuchen, von den dort für die Fabrikanten in Arbeit befindlichen Spitzen und Stickereien die ihnen am gangbarsten erscheinenden Muster auswählen und diese von dem Unternehmer mit der Schablone der Fabrikanten ausführen lassen. Ähnliche Mißbräuche kommen auch auf anderen Industriegebieten vor. Da die bestehenden Gesetze nicht ausreichen, um solchen Verfehlungen gegen Treu und Glauben, welche ebenso verwerflich sind wie der im Wettbewerbsgesetz bereits unter Strafe gestellte Verrat von Geschäfts- und Fabrikgeheimnissen, wirksam entgegenzutreten, hat der Entwurf darüber durch Gewährung strafrechtlicher und zivilrechtlicher Rechtsbehelfe ausdrücklich Bestimmung getroffen." (Begr.)

2. Bezieht sich nicht auf die in § 17 Abs. 1 genannten Angestellten und Lehrlinge; für diese gilt nur § 17 (RGStr. **44** 152, **48** 13; ebenso Wertheimer in LZ. **9110** 725; vergl. Osterrieth in GR. u. U. **1911** 236).

3. Es ist nur nötig, daß sie anvertraut, nicht daß sie Geschäftsgeheimnisse sind (RG. in M. u. W. **10** 350 und RGZ. **83** 384). In dem Begriff des „Anvertrauens" liegt nur, daß die Sachen nicht offenkundig sind. Ob das Geschäfts- oder Vertragsverhältnis noch läuft, ist hier (im Gegensatz zu § 17) ohne Einfluß (RG. in JW. **1914** 250 [12]).

4. Dies und das Wort „Rezepte" hat die Reichstagskommission hinzugefügt.

5. Über Anfertigung von Modellkopien besonders in der Konfektion Fuld in M. u. W. **10** 275.

6. Vergl. zu diesem Paragraphen M. u. W. **8** 169 und Wertheimer in M. u. W. **9** 79.

7. Der Schutz dieses Paragraphen endet nicht mit dem Aufhören des Vertrauensverhältnisses (vergl. Pinner-Eyck S. 159, Alsberg in LZ. **1910** 112 und 443; Wehner in GR. u. U. **1910** 41).

§ 19.

Zuwiderhandlungen gegen die Vorschriften der §§ 17, 18 verpflichten außerdem [1]) zum Ersatze des entstandenen Schadens. Mehrere Verpflichtete haften als Gesamtschuldner. [2])

1. Der Unterlassungsanspruch folgt aus § 1 (Generalklausel).

2. Die Schadensersatzpflicht liegt vor, gleichviel ob strafrechtlich vorgegangen wird oder nicht.

§ 20. [1])

Wer zu Zwecken des Wettbewerbes [3]) es unternimmt [2]), einen anderen zu einer Zuwiderhandlung

gegen die Vorschriften des § 17 Abs. 1, § 18 zu bestimmen[4]), wird mit Gefängnis bis zu neun Monaten und mit Geldstrafe bis zu zweitausend Mark oder mit einer dieser Strafen bestraft.[5])

1. Nach § 20 soll schon das erfolglose Unternehmen, einen anderen zur Geheimnismitteilung zu bestimmen, als ein selbständiges vollendetes Vergehen bestraft werden, ähnlich wie bei dem Tatbestand des § 12. — Ist das Unternehmen von Erfolg begleitet, dann liegt Anstiftung im Sinne des § 48 StrGB. vor. — Deshalb ist im vorliegenden Falle auch die Anwendung des § 46 StrGB. (erfolgloser Versuch) ausgeschlossen.

2. Der Begriff „Unternehmen" ist nach § 43 StrGB. zu bestimmen. Es muß der Entschluß, den anderen zur Geheimnismitteilung zu bestimmen, durch Handlungen betätigt sein, welche einen Anfang der Ausführung der Willensbestimmung enthalten. Bloße Vorbereitungshandlungen genügen nicht. Das Unternehmen muß darauf zielen, den anderen zur Begehung einer Handlung zu verleiten, welche in objektiver und subjektiver Beziehung den Tatbestand der Geheimnisverletzung erfüllen würde. Die Ursache, aus welcher der Eintritt des beabsichtigten Erfolges ausblieb oder ausbleiben mußte, kommt nicht in Betracht (RGStr. **35** 136, **39** 321). Der Begriff umfaßt auch den Versuch mit untauglichen Mitteln oder am untauglichen Gegenstand (RG. in JW. **1907** 416).

3. Das Unternehmen muß den Wettbewerb zum Zwecke haben. Der Zweck muß vom Täter beabsichtigt sein, ohne daß er dem Verleiteten bekannt oder bewußt zu sein braucht. Die Unterlauterkeit braucht im Wettbewerbszweck selbst noch nicht zu liegen. Auch Abwehr von Wettbewerb, auch von unlauterem, geschieht zu Wettbewerbszwecken (vergl. RGStr. **45** 254 und § 17 Anm. 7). Der Wettbewerbszweck braucht nicht der Endzweck oder eigener Zweck, sondern kann auch mitwirkender oder vermittelnder Zweck sein (RGStr. **47** 128). Die reichsgerichtliche Auffassung ist in diesen Dingen mit Recht sehr streng. (Vergl. RGStr. **51** 184, wo ein komplizierter Fall nach verschiedensten Richtungen untersucht wird, eigene wissenschaftliche Weiterbildung auch als Wettbewerbszweck angesehen wird usw.)

Der andere muß zwar im allgemeinen eine bestimmte Person sein (RGStr. **4** 504), es genügt aber zur Erfüllung des Tatbestandes, wenn der Kreis der im Besitze des Betriebsgeheimnisses befindlichen Angestellten, wie es häufig in der Natur der Sache liegt, ein eng begrenzter ist und somit eine dieser Personen zur Geheimnisverletzung verleitet werden sollte (RGStr. **33** 355). Der Tatbestand nach § 20 liegt auch dann vor, wenn jemand ohne Erfolg versucht, einen anderen, einen Dritten zur Geheimnismitteilung zu verleiten (RGStr. **3** 26).

4. Einen anderen bestimmen, heißt nur, seinen Willen, zu handeln, hervorrufen. Es muß also ein ursächlicher Zusammenhang zwischen der Tätigkeit dessen, der bestimmt, und der Handlung dessen, der bestimmt wird, bestehen. Da nach vorstehendem Paragraphen schon das Unternehmen, einen anderen zu bestimmen, mit Strafe bedroht ist, so ist jede Tätigkeit strafbar, die nach dem Willen des Täters auf die Herbeiführung des rechtswidrigen Erfolges, d. i. die unbefugte Mitteilung des Geheimnisses, abzielt (RGStr. **32** 309). Ein Rücktritt von dem Unternehmen macht nicht straflos.

5. Die Strafverfolgung tritt nur auf Antrag ein; die Zurücknahme des Antrages ist zulässig (vergl. § 22).

Für das Vergehen aus § 20 ist im Falle seiner Verfolgung im Wege der Privatklage das Schöffengericht, sonst die Strafkammer zuständig (§ 22 Abs. 4 dieses Ges. und § 73 Nr. 1 GVG.).

§ 21.[1])

Die in diesem Gesetze[2]) bezeichneten Ansprüche auf Unterlassung oder Schadensersatz verjähren[3]) in

sechs Monaten von dem Zeitpunkt an, in welchem der Anspruchsberechtigte von der Handlung und von der Person des Verpflichteten Kenntnis erlangt, ohne Rücksicht auf diese Kenntnis in drei Jahren von der Begehung der Handlung an.

Für die Ansprüche auf Schadensersatz[4]) beginnt der Lauf der Verjährung nicht vor dem Zeitpunkt, in welchem ein Schaden entstanden ist.[5])

1. Im § 21 ist die Verjährung nur der zivilrechtlich, nicht die der strafrechtlich verfolgbaren Verstöße gegen das Gesetz behandelt. Letztere unterliegen den im Strafgesetzbuch bestimmten Verjährungsfristen (§§ 66 ff. StrGB.). Zum zivilrechtlich verfolgbaren Anspruch gehört nicht die auf Zuerkennung einer Geldbuße gerichtete Nebenklage, da diese vom Strafverfahren nicht zu trennen ist. Zur Herbeiführung einer tunlichst einheitlichen Verjährungsfrist ist die dreijährige Verjährungsfrist nach dem Vorbilde sowohl der in anderen gewerblichen Schutzgesetzen als auch der im Bürgerlichen Gesetzbuch festgesetzten Fristen aufgestellt. Die Vorschrift bezieht sich im Gegensatz zum früheren Gesetz auf alle zivilrechtlichen Ansprüche aus diesem Gesetze.

2. Nicht die Ansprüche, die aus anderen Gesetzen, z. B. auf Grund der Vorschriften des BGB. §§ 823, 824, 826 erhoben sind (RGZ. **74** 434).

3. Bei jeder wiederholten Zuwiderhandlung des Gesetzes beginnt der Lauf einer neuen besonderen Verjährungsfrist des Unterlassungsanspruchs. Auch erwirbt der Täter durch wiederholte Zuwiderhandlung gegen das Gesetz mit dem Ablauf der Verjährungsfrist kein Recht auf ferneres gleiches Tun. (RGZ. **49** 20). Über fortgesetzte Handlungen vergl. OLGR. **11** 431 und RG. in JW. **1901** 619[9].

4. Abs. 2 behandelt den Fall, daß die Vornahme der schädigenden Handlung und der Eintritt des Schadens zeitlich nicht zusammenfallen. Der Schadensersatzanspruch beginnt also erst zu verjähren, wenn dem Verletzten Täter, Tat und der Eintritt des Schadens bekannt geworden ist.

5. Die Verjährung der Ansprüche wird durch ihre Geltendmachung unterbrochen (vergl. BGB. §§ 280 ff.). Letztere kann, sofern es sich um Unterlassung handelt, nur durch Klageerhebung bewirkt werden, während der Anspruch auf Schadensersatz auch durch Zustellung eines Zahlungsbefehls, später auch durch Anmeldung im Konkurse und durch Streitverkündung in einem Prozesse geltend gemacht werden kann, von dessen Ausgang der Anspruch abhängt. Die Erhebung der einen Klage unterbricht nicht die Verjährung der anderen. Die Einklagung eines Teils des Schadens unterbricht nicht die Verjährung in betreff des Restes (RGZ. 65 398).

§ 22.

Die Strafverfolgung tritt mit Ausnahme der in den §§ 6, 10, 11 bezeichneten Fälle [2]) nur auf Antrag [1]) ein. In den Fällen der §§ 4, 8, 12 hat das Recht, [3]) den Strafantrag zu stellen, jeder der im § 13 Abs. 1 bezeichneten Gewerbetreibenden und Verbände.

Die Zurücknahme des Antrags ist zulässig. [4])

Strafbare Handlungen, deren Verfolgung nur auf Antrag eintritt, können von den zum Strafantrage Berechtigten im Wege der Privatklage [5]) verfolgt werden, ohne daß es einer vorgängigen Anrufung der Staatsanwaltschaft bedarf. Die öffentliche Klage [6]) wird von der Staatsanwaltschaft nur dann erhoben, wenn dies im öffentlichen Interesse liegt.

Geschieht die Verfolgung im Wege der Privatklage, so sind die Schöffengerichte zuständig. [7])

1. Nach dem Beispiele der gewerblichen Schutzgesetze ist die Verfolgung der Vergehen nach dem vorliegenden Gesetze von der Stellung und Aufrechterhaltung des Strafantrages

abhängig, weil die Vergehen nicht sowohl allgemeine als vielmehr die Interessen bestimmter Privatpersonen verletzen. Über die Tragweite des Strafantrags bei fortgesetztem Vergehen RG. in GR. u. U. **1916** 150.

2. Die in §§ 6, 10 und 11 vorgesehenen Straftaten stellen sich als Übertretungen einer allgemeinen Ordnungsvorschrift dar, die, wie überhaupt alle Übertretungen, mit ganz geringer Ausnahme von Amts wegen zu verfolgen sind.

3. Antragsberechtigt sind rücksichtlich des Vergehens nach § 4 (betrügerische Reklameausschreitung), 8 und 12 (Ausverkaufsvergehen, Bestechung von Angestellten) der Mitbewerber und die Verbände, wegen des Vergehens nach § 15 (verleumderische Kreditschädigung) und nach §§ 17, 18 und 20 (Geschäfts- und Betriebsgeheimnisverletzung) nur die verletzten bezw. geschädigten Geschäftsinhaber. Über die Zulässigkeit der Anträge mehrerer Antragsberechtigter RG. in GR. u. U. **1914** 91. S. auch § 13 Anm. 3.

4. Der Strafantrag muß bei einem Gericht oder der Staatsanwaltschaft schriftlich oder zu Protokoll, bei einer anderen Behörde schriftlich vorgebracht werden. Die Zurücknahme des Antrages bedarf keiner besonderen Form (§ 156 Abs. 2 StrPO.) Die Frist zur Stellung des Antrages beträgt drei Monate. (Über Stellung von Strafanträgen vor zuverlässiger Kenntnis der Straftat RGStr. **38** 434.) Der Antrag ist unteilbar (StrGB. § 63). Es kommt bei der Stellung des Strafantrags nicht auf das Wort „Strafantrag" an, sondern darauf, ob aus dem Inhalt die Absicht hervorgeht, die strafrechtliche Verfolgung zu veranlassen (RG. in M. u. W. **11** 117).

5. Die unlautere Wettbewerbshandlung kann auch den Tatbestand der Beleidigung in sich schließen. Nach § 414 StrPO. können Beleidigungen und Körperverletzungen, sofern deren Verfolgung nur auf Antrag eintritt, von dem Verletzten im Wege der Privatklage, ohne vorgängige Anrufung der Staatsanwaltschaft, verfolgt werden; diese

Befugnis steht allen zu, denen in den Strafgesetzen das Recht, selbständig auf Bestrafung anzutragen, beigelegt ist. Sühneverfahren ist hier nicht vorgeschrieben. Die Zurücknahme der Privatklage ist bis zur Verkündung des Urteils in der Berufungsinstanz zulässig (§ 431 StrPO.; anders beim Strafantrag, §§ 64, 194, 232 Abs. 2 StrGB.).

6. Die öffentliche Klage, d. i. die Stellung des Antrages auf gerichtliche Voruntersuchung oder die Einreichung der Anklageschrift bei Gericht (§ 168 StrPO.), soll von der Staatsanwaltschaft nur dann erhoben werden, wenn dies im öffentlichen Interesse liegt, d. h. wenn die öffentliche Ordnung dadurch verletzt ist, daß das Publikum als solches im Gegensatz zu einzelnen Personen oder individuell begrenzten Personenkreisen gefährdet oder ungebührlich belästigt worden ist. Aus diesem Grunde kann die Staatsanwaltschaft auch in jeder Lage der Sache bis zum Eintritt der Rechtskraft des Urteils durch ausdrückliche Erklärung die Verfolgung übernehmen, auch ist in der Einlegung eines Rechtsmittels die Übernahme der Verfolgung enthalten (§ 417 Abs. 2 StrPO.). Ob die Erhebung der öffentlichen Klage im öffentlichen Interesse liegt, bleibt lediglich dem Ermessen der Staatsanwaltschaft überlassen.

In der Reichstagskommission wurde hierzu seitens eines Vertreters des Reichsjustizamts ausgeführt, daß es nicht Aufgabe des Gesetzgebers sein könne, zu bestimmen, wann ein öffentliches Interesse an der Strafverfolgung vorliege. Das sei vielmehr lediglich Sache der mit der Handhabung des Gesetzes betrauten Behörden, die hierüber nach der Lage des einzelnen Falles befinden müßten. Insbesondere sei es mit der Justizhoheit des Staates unvereinbar, die Entscheidung hierüber in die Hände vielleicht zufälliger Majoritäten von Berufsvereinen oder ähnlichen Organen zu legen. Wenn auch zuzugeben sei, daß die Staatsanwaltschaften in den ersten Jahren des Gesetzes in der Annahme eines öffentlichen Interesses der Absicht des Gesetzes nicht immer Rechnung getragen haben, so seien sie doch später den berechtigten Wünschen der Interessenten immer mehr entgegengekommen. Auch habe die Mehrzahl der deutschen Justizverwaltungen durch allgemeine Anordnungen die ihnen unterstellten Anklagebehörden angewiesen, überall da, wo ein größerer Kreis von Personen durch unlauteren Wettbewerb verletzt worden sei, von Amts wegen die Strafverfolgung zu übernehmen und überhaupt solchen Anträgen in weitgehendster Weise Folge zu geben. Es würde daher jetzt kaum noch vorkommen, daß eine Staatsanwaltschaft beim Vorliegen eines wirklichen Bedürfnisses die Erhebung der öffentlichen Anklage ablehnen werde. Nötigenfalls stünde den Beteiligten der Weg der Beschwerde bei den vorgesetzten Behörden der betreffenden Staatsanwaltschaft offen. Die Rechtsprechung der höheren Gerichte zeigt übrigens, daß zahlreiche Strafsachen aus dem Gebiete des unlauteren Wettbewerbs anhängig gemacht werden. Der öffentlichen Klage kann sich der Berechtigte jederzeit als Nebenkläger anschließen (§ 435, 1 und § 443 StrPO.).

7. Für die Privatklage ist, ohne etwaige Rücksicht auf die Höhe des verursachten Schadens, in erster Instanz das Schöffengericht, in zweiter Instanz die Strafkammer, in dritter Instanz das Oberlandesgericht zuständig.

Hervorzuheben ist, daß, falls von mehreren zur Anstrengung der Privatklage Berechtigten einer die Privatklage erhoben hat, die übrigen dem eingeleiteten Verfahren auch nur in dessen jeweiliger Lage beitreten dürfen und daß die in der Sache ergangene Entscheidung ihre Wirkung zugunsten des Beschuldigten auch gegenüber solchen Berechtigten äußert, welche die Privatklage nicht erhoben haben (§ 415 StrPO.).

§ 23.[1])

Wird in den Fällen der §§ 4, 6, 8, 12 auf Strafe erkannt, so kann[2]) angeordnet werden, daß die Verurteilung auf Kosten des Schuldigen öffentlich bekanntzumachen sei.

Wird in den Fällen des § 15 auf Strafe erkannt, so ist[3]) zugleich dem Verletzten die Befugnis zuzusprechen, die Verurteilung innerhalb bestimmter Frist auf Kosten des Verurteilten öffentlich bekanntzumachen.

Auf Antrag des freigesprochenen Angeschuldigten[4]) kann das Gericht die öffentliche Bekanntmachung der Freisprechung anordnen; die Staatskasse trägt die Kosten, insofern sie nicht dem Anzeigenden oder dem Privatkläger auferlegt worden sind.

Ist auf Grund einer der Vorschriften dieses Gesetzes auf Unterlassung[5]) Klage erhoben, so kann[6]) in dem Urteile der obsiegenden Partei[7]) die Befugnis zugesprochen werden, den verfügenden Teil[8]) des Urteils innerhalb bestimmter Frist[9]) auf Kosten der unterliegenden Partei öffentlich bekanntzumachen.

Die Art der Bekanntmachung ist im Urteil zu bestimmen.[10])[11])

1. Die Bekanntmachung der strafrechtlichen Verurteilung erscheint als ein bedeutsames Korrektiv und ist in der neuen Gesetzgebung mehrfach vorgesehen. Über die rechtliche Natur der Publikationsbefugnis vergl. RG. in JW. **1907** 527. Sie ist Nebenstrafe. Ob bei strafrechtlichen Urteilen nur der Tenor oder auch die Gründe zu veröffentlichen sind, entscheidet das Gericht (RGStr. **30** 405).

2. „kann", also lediglich nach Ermessen des Gerichts (vergl. OLGR. **11** 432).

3. „ist", also muß erfolgen.

4. Nicht z. B., wenn das Verfahren eingestellt ist. Im übrigen gilt dies bei allen Straftaten des UWG.

5. Über Veröffentlichung von Urteilen auf Schadensersatz und wegen Ansprüche aus dem BGB. vergl. OLG. Cöln in M. u. W. **5** 25.

6. „kann“, also freies Ermessen des Gerichts (OLGR. **11** 432 sowie KG. in LZ. **1911** 320[9]).

7. „Partei“, also sowohl Kläger wie Beklagter.

8. Nicht die Gründe.

9. Ob die Frist von der Rechtskraft oder von der Zustellung eines erstinstanzlichen vorläufig vollstreckbaren Urteils an läuft, hat das Gericht zu bestimmen; im Zweifel gilt das erstere.

10. Die Bekanntmachung kann durch Aushang an Gerichtsstelle oder durch Einrückung in die Zeitung erfolgen. Die Frist, innerhalb deren die öffentliche Bekanntmachung der Verurteilung zu erfolgen hat, bestimmt das Gericht. Die Publikationsbefugnis fällt weg, wenn die Straftat in idealer Konkurrenz mit einer anderen begangen worden ist, auf welche eine schwerere die Publikationsbefugnis nicht androhende Strafbestimmung Anwendung findet, z. B. Betrug mit betrügerischer Reklameausschreitung oder Kreditschädigung.

11. Über die Befugnis des Verletzten, auf eigene Kosten Verurteilung des Angreifers, und die des Angegriffenen, die Abweisung der Klage des Angreifers privatim zu veröffentlichen, vergl. Pinner-Eyck S. 177 und KG. in M. u. W. **9** 30.

§ 24.[1])

Für Klagen auf Grund dieses Gesetzes ist ausschließlich zuständig das Gericht[2]), in dessen Bezirke der Beklagte seine gewerbliche Niederlassung[3]) oder in Ermangelung einer solchen seinen Wohnsitz[4]) hat. Für Personen, die im Inlande weder eine gewerbliche Niederlassung noch einen Wohnsitz haben, ist ausschließlich zuständig das Gericht des inländischen Aufenthaltsorts oder, wenn ein solcher nicht bekannt ist, das Gericht, in dessen Bezirke die Handlung begangen ist.

1. Die Zuständigkeit, die im Gesetz von 1896 nur für § 1 geordnet war, ist jetzt einheitlich für das ganze Gesetz festgestellt, sowohl für die Klage auf Unterlassung wie für die auf Schadensersatz. Die Bestimmung gilt aber natürlich nicht für Ansprüche auf Grund anderer Gesetze, z. B. des BGB. (also §§ 823 ff.), wofür der Gerichtsstand des § 32 ZPO. (Ort der begangenen Handlung) maßgebend ist, selbst wenn es sich um unlauteren Wettbewerb handelt; denn der ausschließliche Gerichtsstand des § 24 UWG. ist nur für Klagen aus diesem Gesetze gegeben (KG. in OLGR. **27** 288; s. auch OLGR. **29** 14, **32** 265). Vergl. Rosenthal in GR. u. U. **1916** 81.

2. Der Gerichtsstand ist ausschließlich, daher ist Vereinbarung ausgeschlossen. Die Bestimmung eines gemeinschaftlichen Gerichtsstandes durch das übergeordnete Gericht ist (nach ständiger Praxis des RG. und des KG.) möglich. Vergl. § 528 Abs. 1 ZPO., wonach in zweiter Instanz, auch wenn es sich um einen ausschließlichen Gerichtsstand handelt, die Zuständigkeit von Amts wegen nicht mehr nachgeprüft wird, wenn in erster Instanz mündlich zur Hauptsache verhandelt worden ist.

3. Gewerbliche Niederlassung = Hauptniederlassung ist der Sitz, der Mittelpunkt des Gewerbebetriebes. Über Zweigniederlassung vergl. RGZ. **44** 362 und **87** 129 (= JW. **1915** 1196[7]). Die gewerbliche Niederlassung begründet für sich allein keinen Wohnsitz (RGZ. **30** 350).

4. Der Wohnsitz bestimmt sich nach dem bürgerlichen Recht (RGZ. **30** 348). Wohnsitz ist der Ort, an dem sich jemand ständig niedergelassen hat (§ 7 BGB.).

§ 25.

Zur Sicherung der in diesem Gesetze bezeichneten Ansprüche auf Unterlassung können einstweilige Verfügungen erlassen werden[1]), auch wenn die in den §§ 935, 940 der Zivilprozeßordnung bezeichneten Vor-

aussetzungen nicht zutreffen.[2]) Zuständig[3]) ist auch das Amtsgericht, in dessen Bezirke die den Anspruch begründende Handlung begangen ist; im übrigen finden die Vorschriften des § 942 der Zivilprozeßordnung Anwendung.

1. Der Erlaß einstweiliger Verfügungen zur Sicherung der Ansprüche aus diesem Gesetz ist an und für sich nach §§ 935 und 940 ZPO. statthaft. Um jedoch eine tunlichst prompte Anwendung dieses Rechtsbehelfs eintreten zu lassen, soll die einstweilige Verfügung auch ohne die sonst gesetzlich vorgeschriebenen Voraussetzungen zu erlassen sein. Die im früheren Gesetz nur für § 1 gegebene Vorschrift ist jetzt auf das ganze Gesetz ausgedehnt.

Einstweilige Verfügungen sind nach der Zivilprozeßordnung nur zulässig:

a) in Beziehung auf den Streitgegenstand, wenn zu besorgen ist, daß durch eine Veränderung des bestehenden Zustandes die Verwirklichung des Rechts einer Partei vereitelt oder wesentlich erschwert werden könnte (§ 935),

b) zum Zwecke der Regelung eines einstweiligen Zustandes in bezug auf ein streitiges Rechtsverhältnis, sofern diese Regelung, insbesondere bei dauernden Rechtsverhältnissen, zur Abwendung wesentlicher Nachteile oder zur Verhinderung drohender Gewalt oder aus anderen Gründen nötig erscheint (§ 940).

2. Die Beseitigung dieser prozessualen Voraussetzungen erhöht die Wirkung und die Vorteile einstweiliger Verfügungen bedeutend, sie entbindet aber den Antragsteller nicht von der Verpflichtung des Nachweises der im Gesetz aufgestellten tatsächlichen Voraussetzungen, welche den Anspruch auf Unterlassung der Angaben begründet erscheinen lassen. Für Ansprüche auf Schadensersatz gelten die Vorschriften des § 25 nicht.

3. Für die Erlassung der einstweiligen Verfügung ist sowohl das Gericht der Hauptsache zuständig, d. i. das Gericht der ersten Instanz, bei welchem der Rechtsstreit bereits anhängig oder anhängig zu machen ist, und, wenn die Hauptsache in der Berufungsinstanz anhängig ist, das Berufungsgericht (§ 943 ZPO.) — oder nach dem UWG. auch das Amtsgericht bezw. das Landgericht, in dessen Bezirk die den Anspruch begründende Handlung begangen ist. Welches von den Gerichten der Hauptsache anzugehen ist, richtet sich nach § 24 UWG.

Das angerufene zuständige Gericht trifft in dringenden Fällen auch ohne vorgängige mündliche Verhandlung die zur Erreichung des beabsichtigten Zweckes erforderlichen Anordnungen, die in dem Gebot oder Verbot einer Handlung bestehen können.

So sind auch alle innerhalb der Zwangsvollstreckung zulässigen Anordnungen, also auch die Haft, statthaft.

In dringenden Fällen kann ferner das Gericht, in dessen Bezirk sich der Streitgegenstand befindet oder die zur Last gelegte Handlung begangen ist, eine einstweilige Verfügung unter Bestimmung einer Frist erlassen, innerhalb deren der Gegner, d. i. der Antragsteller, zur mündlichen Verhandlung über die Rechtmäßigkeit der einstweiligen Verfügung vor das Gericht der Hauptsache (s. oben Anmerkung) zu laden ist. Nach fruchtlosem Ablaufe der Frist hat das Amtsgericht die erlassene Verfügung aufzuheben (§ 942 ZPO.).

Die Aufhebung der einstweiligen Verfügung kann sonst nur „unter besonderen Umständen", z. B. solchen, die erst nachträglich eingetreten oder zwar älter, aber erst nachträglich zur Kenntnis des Betroffenen gelangt sind (RGZ. **24** 369), gegen eine nach freiem Ermessen zu bestimmende Sicherheitsleistung gestattet werden (§ 939 ZPO.).

Anstatt des Gerichts kann in dringenden Fällen der Vorsitzende über die in dem Verfahren, betreffend einstweilige Verfügungen, gestellten Gesuche, sofern deren Erledigung eine vorgängige mündliche Verhandlung nicht erfordert, entscheiden. Gegen die einstweilige Verfügung findet Widerspruch statt, infolgedessen über die Rechtmäßigkeit des erhobenen Anspruchs durch Endurteil entschieden wird (§§ 944 und 924 ff. ZPO.).

Gründe, welche in dem Gesuche um Erlaß der einstweiligen Verfügung noch nicht geltend gemacht sind, können in der mündlichen Verhandlung noch nachgebracht werden, sind aber ebenso wie die Einreden (des Beklagten) glaubhaft zu machen (RGZ. **5** 365 und **27** 127).

§ 26.[1])

Neben einer nach Maßgabe dieses Gesetzes verhängten Strafe[4]) kann auf Verlangen[2]) des Verletzten[5]) auf eine an ihn[3]) zu erlegende Buße bis zum Betrage[6]) von zehntausend Mark erkannt werden.[7]) Für diese Buße haften die dazu Verurteilten als Gesamtschuldner. Eine erkannte Buße schließt die Geltendmachung eines weiteren Entschädigungsanspruchs aus.[8])

1. Nach §§ 188 und 231 StrGB. kann bei Verurteilung wegen Beleidigungen bezw. Körperverletzungen auf das Verlangen des Beleidigten bezw. Verletzten auf eine an ihn zu erlegende Buße erkannt werden. Das Rechtsinstitut der Buße ist in alle Gesetze zum Schutze der Urheberrechte und auch in das vorliegende Gesetz aufgenommen worden. Es entspricht der Eigenart des gewerblichen Rechtsschutzes, der zugleich auf strafrechtlichen wie auf zivilrechtlichen Gegenwirkungen gegen das Unrecht beruht. Der Zweck des Rechtsbehelfs der Buße ist die Vermeidung eines oft langwierigen Zivilprozesses durch Geltendmachung der Buße in dem weit schleunigeren Strafverfahren.

2. Das Verlangen (d. i. der Antrag) auf Zuerkennung der Buße ist bei der öffentlichen Klage in der Form der Nebenklage, d. i. einer schriftlichen Anschlußerklärung zur öffentlichen Klage, bis zur Verkündung des Urteils erster Instanz zu stellen. Der Antrag kann bis zur Verkündung des Urteils zurückgenommen, ein zurückgenommener Antrag nicht erneuert werden. Wird das

Strafverfahren durch Freisprechung des Angeklagten oder durch Einstellung mit oder ohne Urteil beendet, so gilt auch der Antrag ohne weitere Entscheidung als erledigt (§§ 435 ff. und 448 ff. StrPO.). Ist Privatklage erhoben, so ist mit ihr der Antrag auf Buße zu verbinden.

3. Der Antrag auf Buße kann von den Erben des Verletzten weder erhoben noch weiter verfolgt werden. Ist jedoch auf Buße rechtskräftig erkannt, so besteht ein Rechtsanspruch, der auf und gegen die Erben übergeht.

4. Nur „neben der Strafe", d. i. nur vom Strafrichter, kann auf Buße erkannt werden. Das freisprechende Urteil präjudiziert aber in keiner Weise der zivilrechtlichen Ersatzklage.

5. Verletzter ist jeder, der durch die Handlungsweise des Beschuldigten in seinem Vermögen geschädigt ist. Nicht zum Antrag auf Buße berechtigt sind die Verbände, die zum Strafantrag und Privatklage berechtigt sind (§ 22).

6. Liegt eine Schädigung offenbar nicht vor, so darf auch auf Buße nicht erkannt werden. Auch darf auf keine höhere als auf die beantragte Buße erkannt werden. Eine bereits im Zivilrechtswege erstrittene oder tatsächlich geleistete Entschädigung schließt zwar die Zuerkennung einer Buße nicht aus, darf aber jedenfalls bei Bemessung der Buße in Betracht gezogen werden.

7. Die Vollstreckung des die Zuerkennung der Buße aussprechenden Urteils erfolgt nach den Vorschriften über die Vollstreckung der Urteile der Zivilgerichte (§ 495 StrPO.).

8. Der Anspruch auf Buße unterliegt nicht der sechsmonatigen Verjährung des § 21 (RGStr. **44** 296).

§ 27.

Bürgerliche Rechtsstreitigkeiten, in welchen durch die Klage ein Anspruch auf Grund dieses Gesetzes

geltend gemacht wird, gehören, sofern in erster Instanz die Landgerichte zuständig sind, vor die Kammern für Handelssachen.

In bürgerlichen Rechtsstreitigkeiten, in welchen durch Klage oder Widerklage ein Anspruch auf Grund dieses Gesetzes geltend gemacht ist, wird die Verhandlung und Entscheidung letzter Instanz im Sinne des § 8 des Einführungsgesetzes zum Gerichtsverfassungsgesetze dem Reichsgerichte zugewiesen.[1][2][3]

1. Mit Rücksicht darauf, daß zur Beurteilung der nach dem vorliegenden Gesetz in Frage kommenden Rechtsstreitigkeiten die Kenntnis der Ansichten und Gepflogenheiten im geschäftlichen und gewerblichen Verkehrsleben erforderlich, mindestens erwünscht ist, sind auch hier wie bei den anderen gewerblichen Schutzgesetzen die bürgerlichen Rechtsstreitigkeiten, sofern in ihnen ein Anspruch auf Grund dieses Gesetzes durch Klage, nicht durch Widerklage geltend gemacht wird, jedoch nur diese im Gegensatz zu den im Strafverfahren, also auch zu den mit der Privatklage zu erledigenden Streitigkeiten — in erster Instanz den Kammern für Handelssachen (§§ 100 ff. GVG.) zugewiesen, sofern nicht die Amtsgerichte nach der Höhe des Streitgegenstandes zuständig sind (§ 23 Nr. 1 ebenda). Ebenso soll auch hier zur Herstellung einer einheitlichen Rechtsprechung das Reichsgericht in letzter Instanz entscheiden. Dieser Zweck darf bereits als in hohem Maße erreicht bezeichnet werden.

2. Ob auch die Handelskammern als Berufungsgerichte in den Sachen zuständig sind, in denen in erster Instanz die Amtsgerichte zuständig sind, ist nach der Novelle zur ZPO. streitig geworden, wird aber jetzt allgemein bejaht (vergl. Finger in M. u. W. **9** 216).

3. Der Wert des Streitgegenstandes richtet sich nach §§ 3 ff. ZPO. Maßgebend ist bei der Unterlassungsklage das Interesse des Klägers (RG. in JW. **1902** 309 [1] u. [2], **1903** 8 [17], in M. u. W. **9** 199, **10** 95). Bei Klagen von Verbänden ist die Größe des Verbandes, die Beeinträchtigung der Erwerbstätigkeit der zum Verbande Verbundenen in Betracht zu ziehen (RG. in M. u. W. **10** 219). Bei den oft sehr erheblichen materiellen und ideellen Interessen ist die Tendenz der Gerichte, das Objekt möglichst gering festzusetzen, schon um deswillen nicht zu billigen, weil dadurch dem Reichsgericht in den meisten Fällen die Rechtsprechung für Ansprüche aus dem Gesetz entzogen wird.

§ 28.[1])

Wer im Inland[2]) eine Hauptniederlassung[3]) nicht besitzt, hat auf den Schutz dieses Gesetzes nur insoweit Anspruch[4]), als in dem Staate, in welchem seine Hauptniederlassung sich befindet, nach einer im Reichs-Gesetzblatt enthaltenen Bekanntmachung[5]) deutsche Gewerbetreibende einen entsprechenden Schutz genießen.[6])[7])

1. Das Gesetz gewährt seinen Schutz, ohne Rücksicht auf die Staatsangehörigkeit, dem Inländer wie dem Ausländer, sofern nur der Schutzsuchende im Inlande eine Hauptniederlassung besitzt.

2. Unter Inland sind nicht allein das deutsche Reichsgebiet, sondern auch die deutschen Schutzgebiete und die der deutschen Konsulargerichtsbarkeit unterstehenden Bezirke zu verstehen (RGZ. **77** 262, **87** 129, KonsGG. § 19).

3. Über Niederlassung siehe auch Anm. 3 zu § 24.

4. Der deutsche Reichsangehörige und der Ausländer, die im Inlande nur eine Zweigniederlassung (Filiale, Nebengeschäft, Dependence), im Auslande (wozu nicht die deutschen Konsulargerichtsbezirke gehören, s. Anm. 2) aber ihr Hauptgeschäft haben, können keinen Anspruch auf die Wohltaten dieses Gesetzes erheben, sofern nicht in dem Staate ihrer Hauptniederlassung der deutsche Gewerbetreibende nicht nur gegen unlauteren Wettbewerb überhaupt, sondern auch in demselben Umfange wie nach deutschem Recht geschützt ist. Auch würde der deutsche Rechtsschutz in dem Augenblick aufhören, sobald im auswärtigen Staate der Schutz erlischt (vergl. jedoch Anm. 6).

5. Die Bekanntmachung hat durch den Reichskanzler bezw. seinen Stellvertreter zu erfolgen. Die Bekanntmachung setzt nicht etwa einen völkerrechtlichen Vertrag voraus, sie muß nur ergeben, daß die ausländische Gesetzgebung den entsprechenden Schutz gewährt.

Namentlich wird sie auch nicht etwa ersetzt durch die älteren deutschen Übereinkommen mit Österreich-Ungarn, Italien, der Schweiz usw. Denn sie gewähren nicht die in § 28 geforderte Gegenseitigkeit, da sie nicht den „entsprechenden", d. h. den gegen den unlauteren Wettbewerb gerichteten Schutz genießen lassen. S. jedoch Anm. 6 und 7.

6. Durch die Bekanntmachung des Reichskanzlers vom 9. April 1903 ist Deutschland der Pariser Übereinkunft vom 20. März 1883 (revidiert in Brüssel am 14. Dezember 1900 und in Washington am 2. Juni 1911 — RGBl. 1913 S. 209 —) beigetreten, so daß Deutschland seit 1. Mai 1903 Mitglied der internationalen Union zum Schutz des gewerblichen Eigentums ist. Den Mitgliedern der Union kommt der Schutz dieses Gesetzes zu, ohne daß die Bedingungen des § 28 erfüllt zu sein brauchen (RG. **60** 217 und in GR. u. U. **1911** 217; Fuld in M. u. W. **8** 102, Lobe in LZ. **1908** 193, Pinner-Eyck S. 196 ff.). Zahlreiche Kriegsvorschriften über Verlängerung der Prioritätsfristen usw., zusammengestellt bei Elster, Grundriß des gewerblichen Rechtsschutzes, Berlin 1921.

7. Der Friedensvertrag von Versailles bringt in Art. 274 durch die Betonung des Verbots unrichtiger Herkunfts- und Beschaffenheitsangaben nach dem geltenden Rechte für Deutschland grundsätzlich kaum Neues; seinen Forderungen entspricht das deutsche Recht bereits, namentlich wenn es die Rechtsfragen der Herkunftsbezeichnung so streng nimmt, wie dies immer mehr von der Rechtsprechung geschieht. Nur insofern sind Folgen zu erwarten, als Art. 275 die Lagenamen für Weine und Spirituosen unter der Bedingung der Gegenseitigkeit dagegen schützt, daß sie in einem anderen Lande zur freien Gattungsbezeichnung werden. Damit werden die französischen Weinlagen und der vielumstrittene Name Kognak stärker geschützt als bisher, und das gleiche wird von den Bezeichnungen unserer Rhein- und Moselorte gelten. § 18 des deutschen Weingesetzes wird einer Änderung bedürfen. Vergl. Wassermann, Die Behandlung des unlauteren Wettbewerbs im Friedensvertrag, Berlin 1920. Dazu: Bespr. in GR. u. U. **1920** 18, 63.

§ 29.

Welche Behörden[1]) in jedem Bundesstaat unter der Bezeichnung höhere Verwaltungsbehörde im Sinne dieses Gesetzes zu verstehen sind, wird von der Zentralbehörde des Bundesstaats bestimmt.

1. Die Behörden sind zusammengestellt bei Wassermann, Kommentar II, 138.

§ 30.

Dieses Gesetz tritt am 1. Oktober 1909 in Kraft.[1])

Mit diesem Zeitpunkte tritt das Gesetz zur Bekämpfung des unlauteren Wettbewerbes von 27. Mai 1896 (Reichs-Gesetzbl. S. 145) außer Kraft.

1. Über Rückwirkung in strafrechtlicher Beziehung, insbesondere bei fortgesetzten Straftaten, RGStr. **43** 355. In zivilrechtlicher Hinsicht RG. in M. u. W. **15** 357 und RGZ. **83** 384 über Fortsetzung einer früher begonnenen, nach § 18 UWG. angreifbaren Handlung.

Urkundlich unter Unserer Höchsteigenhändigen Unterschrift und beigedrucktem Kaiserlichen Insiegel.

Gegeben Neues Palais, den 7. Juni 1909.

(L. S.) **Wilhelm.**

von Bethmann Hollweg.

Sachregister.

(Die Zahlen bedeuten die Seiten.)

W.

Z.

Druck von Otto Walter in Berlin S 14.

Mai 1921

Guttentagsche Sammlung

Deutscher Reichsgesetze
und
Preußischer Gesetze

Textausgaben mit Anmerkungen und Sachregister — Taschenformat Gebunden

enthält alle wichtigeren Gesetze in absolut zuverlässigen Gesetzestexten und in mustergültiger, gemeinverständlicher Weise erläutert

VWV

Das am Schluß befindliche Schlagwortregister wird geneigter Beachtung empfohlen

Zu den aufgeführten Preisen tritt bei den vor 1920 erschienenen Bänden noch ein Teuerungszuschlag des Verlages von 25 %.

Vereinigung wissenschaftlicher Verleger
Walter de Gruyter & Co.
vormals G. J. Göschen'sche Verlagshandlung — J. Guttentag, Verlagsbuchhandlung — Georg Reimer — Karl J. Trübner — Veit & Comp.
Berlin W 10, Genthiner Straße 38.

15000. — V. 21.

Zu den aufgeführten Preisen tritt bei den vor 1920 erschienenen

Guttentagsche Sammlung
Deutscher Reichsgesetze.
Text-Ausgaben mit Anmerkungen. Taschenformat.

Nr. **1.** **Verfassung des Deutschen Reichs.** Von Dr. **L. von Rönne. 10. Aufl.** von Landrat **P. v. Rönne** und Reg.-Assessor **v. Dobbeler. — 1912.** 3,90 M

Neue Verfassung von 1919 siehe Nr. **137.**

Nr. **2.** **Strafgesetzbuch** für das Deutsche Reich nebst 20 der wichtigsten strafrechtl. Nebengesetze. Von Prof. Dr. **Fr. v. Liszt** und Prof. Dr. **E. Delaquis. 25. Aufl. — 1920.** 16,— M

Nr. **3.** **Militärstrafgerichtsordnung** nebst Einführungsgesetz. Von Wirkl. Geh. Kriegsrat Dr. **A. Romen** und Kriegsgerichtsrat Dr. **E. Rissom. — 1918. 2. Aufl.** 17,50 M

Feldausgabe in 2 Bänden gebunden 18,50 M

Nr. **4.** **Handelsgesetzbuch vom 10. Mai 1897** unter Ausschluß des Seerechts. Von **Litthauer. 16. Aufl.** Herausgegeben von Geh. Justizrat Prof. Dr. **A. Mosse.** 8°. — **1920.** 30,— M

Nr. **5.** **Wechselordnung vom 3. Juni 1908.** Kommentar von Justizrat Dr. **J. Stranz** und Rechtsanwalt Dr. **M. Stranz,** und das **Wechselstempelgesetz vom 15. Juli 1909** von Geh. Reg.Rat **P. Loeck. 11. Aufl. — 1913.** 5,85 M

Nr. **5a.** **Wechselstempelgesetz** apart. **11. Aufl. — 1913.** 2,35 M

Nr. **6.** **Reichsgewerbeordnung** nebst Ausführungsbestimmungen. **19. Aufl.** von Stadtrat Dr. **K. Flesch,** Dr. **Fr. Hiller** und Dr. **H. Luppe. — 1915.** 7,15 M

Nr. **7.** **Post- und Telegraphen-Gesetzgebung.** Nebst Weltpostvertrag und Internationalem Telegraphenvertrag. **6. Aufl.** von Geh. Ob.Postrat Dr. **M. König. — 1908.** 5,85 M

Nr. **8.** Die Reichsgesetze über den **Unterstützungswohnsitz, Freizügigkeit, Reichs- und Staatsangehörigkeit.** Von Geh. Rat Dr. **J. Krech. 8. Aufl. — 1913.** 5,20 M

Bänden noch ein Teuerungszuschlag des Verlages von 25 %.

Guttentagsche Sammlung Deutscher Reichsgesetze.

Nr. 9. Sammlung **kleinerer strafrechtlicher Reichsgesetze.** Von Prof. Dr. **R. H. Kriegsmann. 3. Aufl. — 1910.** 5,85 M

Nr. 10. **Das Reichsbeamtengesetz** vom 31. März 1873. Von **J. Pieper. 2. Aufl. — 1901.** 6,50 M

Reichsbeamtengesetz von **1907** siehe Nr. **82.**

Nr. 11. **Zivilprozeßordnung mit Gerichtsverfassungsgesetz.** Von **R. Sydow.** Fortgeführt von Reichsgerichtsrat **L. Busch** und Landgerichtsrat Dr. **Krantz. 16. Aufl.** Unveränderter Abdruck. Gr. 8°. — **1920.** 35,— M

Nr. 12. **Strafprozeßordnung und Gerichtsverfassungsgesetz** nebst den Gesetzen, betr. die Entschädigung der im Wiederaufnahmeverfahren freigesprochenen Personen und die Entschädigung für unschuldig erlittene Untersuchungshaft. Von Reichsgerichtsrat Dr. **A. Hellweg. 18. Aufl.,** bearbeitet von Prof. Dr. **Kohlrausch. — 1920.** 24,— M

Nr. 13. **Konkursordnung und Anfechtungsgesetz.** Von **R. Sydow.** Fortgeführt von **L. Busch. 12. Aufl. — 1916.** 5,45 M

Nr. 14. **Gerichtsverfassungsgesetz** mit Einführungsgesetz. Herausgegeben von **R. Sydow.** Fortgeführt von **L. Busch. 9. Aufl. — 1905.** 2,35 M

Nr. 15. **Das Deutsche Gerichtskostengesetz** nebst den Gebührenordnungen für Gerichtsvollzieher, Zeugen und Sachverständige. Von **R. Sydow.** Fortgeführt von Reichsgerichtsrat **L. Busch** und Amtsrichter **Koehler. 10. Aufl. — 1920.** 12,— M

Nr. 16. **Rechtsanwaltsordnung.** Von **R. Sydow. 5. Aufl.** von Justizrat **M. Jacobsohn.** Mit Nachtrag, enth. die Bestimmungen vom 22. Mai 1910. — **1907.** 1,95 M

Nr. 17. Die **Deutsche Gebührenordnung für Rechtsanwälte und das Preußische Gebührengesetz** vom 27. IX. / 6. X. 1899. Von **R. Sydow.** Fortgeführt von **L. Busch. 11. Aufl.** Mit Nachtrag, enth. die Änderungen der Deutschen Gebührenordnung vom 16. Nov. 1916 und 1. April 1918 und der Preuß. Gebührenordnung vom 6. Juli 1918 nebst Tabellen. (Nachtrag apart 80 Pf.) 4,40 M

Zu den aufgeführten Preisen tritt bei den v o r 1920 erschienenen

Guttentagsche Sammlung Deutscher Reichsgesetze.

Nr. **18. Reichsstempelgesetz** vom 3. Juli 1913. (Börsen-, Lotterie-, Frachturkunden-, Fahrkarten-, Kraftfahrzeug-, Tantieme-, Scheck- und Grundstücksübertragungssteuer.) Mit den gesamten Ausführungsbestimmungen. Von Geh. Reg.Rat **P. Loeck.** 8⁰. **12. Aufl. — 1914.** 13,— *M*

N e u e Auflage unter Berücksichtigung der inzwischen ergangenen Abänderungsbestimmungen befindet sich in Vorbereitung.

Siehe auch Nr. **131** b.

Nr. **19.** Die **Seegesetzgebung.** Von Dr. **W. E. Knitschky. 5. Aufl.** bearbeitet von Ober-L.G.Rat **O. Rudorff. — 1913.** 11,— *M*

Nr. **20. Krankenversicherungsgesetz (1883).** Von weil. Dr. **E. von Woedtke.** — Neue Fassung **(1911)** siehe **Nr. 107.**

Nr. **21.** Die **Konsulargesetzgebung.** Von Prof. Dr. **Ph. Zorn. 8. Aufl.** von Dr. **K. Zorn. — 1911.** 6,50 *M*

Nr. **22. Patentgesetz.** Nebst Ausführungsbestimmungen, völkerrechtlichen Verträgen und der Patentanwalts-Ordnung. Von **R. Lutter,** Geh. Reg.Rat im Reichs-Patentamt. **8. Aufl. — 1920.** 27,— *M*

(Kriegsvorschriften auf dem Gebiete des gewerblichen Rechtsschutzes. Von **R. Lutter. — 1917.** 8⁰. 2,50 *M*.)

Nr. **23. Gewerbe-Unfallversicherungsgesetz. (1884.)** Von weil. Dr. **E. v. Woedtke.** — Neue Fassung **(1911)** siehe **Nr. 108.**

Nr. **24. Aktiengesellschaft und Kommanditgesellschaften auf Aktien.** Von Dr. **H. Keyßner** und Dr. **H. Veit Simon. 6. Aufl.** von Amtsrichter **L. Keyßner. — 1911.** 4,40 *M*

Nr. **25. Brausteuergesetz** vom 15. Juli 1909. Von Oberzollrevisor **A. Düffe. 2. Aufl. — 1910.** 4,40 *M*

Nr. **26.** Die Reichsgesetzgebung über **Münz- und Notenbankwesen,** Papiergeld, Prämienpapiere und Reichsschulden. **Von** Dr. **R. Koch. — 6. Aufl. 1910.** 5,25 *M*

Nr. **27. Gesundheitswesen im Deutschen Reich.** Von Dr. jur. **E. Goesch** und Dr. med. **J. Karsten. — 1888.** 2,60 *M*

Nr. **28. Bau-Unfallversicherungsgesetz.** Vom 30. Juni 1900. **Von R. Chrzescinski.** Neue Fassung **(1911)** siehe Nr. **108.**

Bänden noch ein Teuerungszuschlag des Verlages von 25 %.

Guttentagsche Sammlung Deutscher Reichsgesetze.

Nr. **29. Erwerbs- und Wirtschaftsgenossenschaften.** Von **L. Parisius** und Dr. **H. Crüger. 16., neubearbeitete Aufl.** von Dr. **H. Crüger. — 1920.** 13,— M

Nr. **30. Invalidenversicherungsgesetz** (1899). Von weil. Dr. **E. v. Woedtke.** Neue Fassung **(1911)** siehe Nr. **109.**

Nr. **31. Gewerbegerichtsgesetz.** Von Stadtrat **L. Mugdan. 7. Aufl.** bearbeitet von Oberbürgermeister **W. Cuno. — 1911.** 3,65 M

Nr. **32.** Reichsgesetz, betr. die **Gesellschaften mit beschränkter Haftung.** Von **L. Parisius** und Dr. **H. Crüger. 14. Aufl.** von Dr. **H. Crüger. — 1920.** 7,— M

Nr. **33. Vereins- und Versammlungsrecht.** Von Dr. **E. Ball. 2. Aufl.** von Dr. **F. Friedenthal. — 1907.** 3,65 M

Reichs-Vereinsgesetz vom 19. April 1908 siehe Nr. **88.**

Nr. **34.** Die **Abzahlungsgeschäfte.** Gesetz vom 16. Mai 1894. **3. Aufl.** von Land-G.Rat Dr. **E. Wilke. — 1910.** 2,10 M

Nr. **35.** Die **Reichs-Eisenbahngesetzgebung.** Von Amtsrichter **W. Coermann. — 1895.** 3,40 M

Siehe auch Nr. **66.**

Nr. **36.** Gesetze, betr. die **privatrechtlichen Verhältnisse der Binnenschiffahrt und der Flößerei.** Von Geh. Justizrat **E. Löwe. 5. Aufl. — 1915.** 5,20 M

Nr. **37.** Gesetz gegen den **unlauteren Wettbewerb.** Von Justizrat **A. Pinner. 6. Aufl. — 1912.** 2,35 M

Nr. **38/39. Bürgerliches Gesetzbuch nebst Einführungsgesetz** von Dr. **A. Achilles.** In Verbindung mit Prof. Dr. **André,** Senatspräsident **Meyer,** Reichs-G.Rat Dr. **Strecker,** Staatsrat Dr. **v. Unzner** herausgegeben von Wirkl. Geh. Ob.J.Rat und Ober-L.G.Präsident **Greiff. 9.** vermehrte **Aufl.** Mit Anhang: Änderungen des BGB. in Kriegs- und Übergangszeit. 8°. — **1920.** 42,— M

Einzelverkauf. Nachtrag zur 8. Auflage: **Bestimmungen über das Erbbaurecht** v. 15. Januar 1919. — **1919.** —,80 M

Zu den aufgeführten Preisen tritt bei den vor 1920 erschienenen

Guttentagsche Sammlung Deutscher Reichsgesetze.

Nr. **40.** Gesetz, betr. die **Pflichten der Kaufleute bei Aufbewahrung fremder Wertpapiere [Depotgesetz].** Von Min.Dir. **F. Lusensky. 3. Aufl. — 1916.** 3,25 M

Nr. **41. Börsengesetz.** Von **Th. Hemptenmacher. 3. Aufl.** von Syndikus **O. Meyer. — 1915.** 5,20 M

Nr. **42. Grundbuchordnung** nebst preuß. Ausf.-Best. Von Prof. Dr. **O. Fischer. 7. Aufl. — 1920.** 8,— M

Nr. **43. Zwangsvollstreckung in das unbewegliche Vermögen** im Reiche und in Preußen. Kosten- und Gebührentabellen. Von Dr. **J. Krech** und Dr. **O. Fischer. 8. Aufl.** bearbeitet von Prof. Dr. **O. Fischer. — 1916.** 3,90 M

Nr. **44.** Das Reichsgesetz über das **Auswanderungswesen.** Von Prof. Dr. **F. Stoerk. — 1899.** 3,25 M

Nr. **45.** Das **Entmündigungsrecht** mit den für Preußen geltenden Vorschriften nebst Just.-Min.-Verfügung vom 28. Nov. 1899. Von Land-G.Rat Dr. **P. Koll. — 1900.** 2,35 M

Nr. **46.** Die Gesetze des Reiches und Preußens über die **freiwillige Gerichtsbarkeit.** Von Amts-G.Rat **H. Jastrow. 6. Aufl.** von Land-G.Rat Dr. **Herm. Günther. — 1921.** 28,— M

Nr. **47.** Das **deutsche Vormundschaftsrecht** und das preuß. Gesetz über die Fürsorgeerziehung Minderjähriger. Von Ober-Verw.G.Rat **M. Schultzenstein** und Amts-G.Rat Dr. **P. Köhne. 2. Aufl. — 1901.** 4,40 M

Nr. **48.** Gesetze, betr. den **Drogen-, Gift- und Farbenhandel** außerhalb der Apotheken. Von Dr. **J. Broh. — 1899.** 1,95 M

Nr. **49.** Deutsche **Kolonialgesetzgebung.** Von Geh. J.Rat Prof. Dr. **Ph. Zorn. 2. Aufl.** von Gerichtsassessor Dr. **Sassen. — 1913.** 10,40 M

Nr. **50.** Der **Viehkauf [Viehgewährschaft] nach dem BGB.** Verordnung betr. die Hauptmängel und Gewährsfristen beim Viehhandel. Von Rechtsanwalt Dr. **H. Stölzle** und Königl. Reg.- und Vet.Rat **H. Weiskopf. 5. Aufl. — 1913.** 8,45 M

Bänden noch ein Teuerungszuschlag des Verlages von 25 %.

Guttentagsche Sammlung Deutscher Reichsgesetze.

Nr. **51.** **Hypothekenbankgesetz** vom 13. Juli 1899. Von Dr. **H. Göppert. 2. Aufl.** bearbeitet von Geh. Reg.Rat Dr. **Seidel. — 1911.** 3,40 ℳ

Nr. **52.** Gesetz, betr. die gemeinsamen **Rechte der Besitzer von Schuldverschreibungen.** Von Dr. **H. Göppert. 2. Aufl.** bearbeitet von Amtsrichter Dr. **E. Trendelenburg. — 1915.** 2,60 ℳ

Nr. **53.** **Reichspreßgesetz** vom 7. Mai 1874. Mit Kommentar von Bürgermeister **A. Born. 2. Aufl. — 1911.** 3,10 ℳ

Nr. **54.** Verkehr mit **Nahrungsmitteln, Genußmitteln** und **Gebrauchsgegenständen.** Von Dr. **G. Lebbin,** Nahrungsmittelchemiker in Berlin. — **1900.** 3,25 ℳ

Nr. **55.** Das Recht der **Beschlagnahme von Lohn- und Gehaltsforderungen.** Von Justizrat **G. Meyer. 5. Aufl. — 1914.** 3,90 ℳ

Nr. **56.** Gesetz, betr. die **Bekämpfung gemeingefährlicher Krankheiten.** Nebst Ausführungsbestimmungen. Von Reg.Rat Dr. **B. Burkhardt. — 1900.** 2,10 ℳ

Nr. **57.** **See-Unfallversicherungsgesetz (1887).** Von Ober-L.G.Rat Dr. **M. Mittelstein.** — Neue Fassung **1911** siehe Nr. **108.**

Nr. **58.** **Das Recht der unehelichen Kinder nach dem BGB.** Von Amtsgerichtsrat **H. Jastrow. — 1901.** 2,60 ℳ

Nr. **59.** Reichsgesetz über die **Beurkundung des Personenstandes und die Eheschließung.** Von Amtsgerichtsrat Dr. **F. Fidler. 2. Aufl. — 1912.** 3,65 ℳ

Nr. **60.** Gesetz, betr. das **Urheberrecht an Werken der Literatur und der Tonkunst.** Von Geh. Ob.J.Rat **O. Lindemann. 4. Aufl. — 1921.** 14,— ℳ

Nr. **61.** Gesetz über das **Verlagsrecht.** Von Rechtsanwalt Dr. **B. Marwitz. 2. Aufl. — 1911.** 2,60 ℳ

Nr. **62.** Gesetz über **private Versicherungsunternehmungen.** Von Reichs-G.Rat **H. Könige. 2. Aufl. — 1910.** 5,85 ℳ

Zu den aufgeführten Preisen tritt bei den vor 1920 erschienenen

Guttentagsche Sammlung Deutscher Reichsgesetze.

Nr. **63. Gesetzestafel des Deutschen Reichsrechts.** Systematisch geordnete Nachweisung des z. Z. geltenden Reichsrechts. Von **H. Bruhns. 2. Aufl. — 1913.** 5,20 ℳ

Nr. **64.** Gesetzsammlung betr. den **Handel mit Drogen und Giften.** Mit Anhang: landesgesetzliche Verordnungen sämtlicher Bundesstaaten. Von Rechtsanwalt **H. Sonnenfeld,** Syndikus der Berliner Drogisten-Innung. **2. Aufl. — 1912.** 5,85 ℳ

Nr. **65.** Das **Weingesetz** in der Fassung von 1909. Mit Ausführungsbestimmungen von Dr. **G. Lebbin,** Nahrungsmittelchemiker. **2. Aufl. — 1909.** 3,65 ℳ

Nr. **66.** Die **Eisenbahn-Gesetzgebung.** Von **W. Pietsch,** Rechnungsrat im Reichseisenbahnamt. **2. Aufl. — 1913.** 5,20 ℳ

Nr. **67. Militär-Strafgesetzbuch für das Deutsche Reich.** Von Wirkl. Geh. Kriegsrat Dr. **A. Romen** und Kriegsgerichtsrat Dr. **E. Rissom. 3. Aufl. — 1918.** 14,50 ℳ

— — Feldausgabe in 2 Bänden, gebunden 15,— ℳ

Nr. **68.** Das **Fleischbeschaugesetz.** Vom 3. Juni 1900. Von Dr. **G. Lebbin** und Dr. **G. Baum. — 1903.** 5,85 ℳ

Nr. **69.** Reichsgesetz über die **Naturalleistungen der bewaffneten Macht im Frieden** nebst den preußischen Bestimmungen. Von Dr. **W. v. Hippel. — 1903.** 2,10 ℳ

Nr. **70.** Das **Reichs-Haftpflichtgesetz** vom 7. Juni 1871. Von Reg.Rat Dr. **G. Eger. — 1903.** Vergriffen.

(Kommentar von Seligsohn. — **1920.** 20,— ℳ.)

Nr. **71.** Gesetz betr. **Kinderarbeit in gewerblichen Betrieben** vom 30. März 1903. Von Ober-Verw.G.Rat **H. Spangenberg. 2. Aufl. — 1904.** 2,35 ℳ

Nr. **72. Unfallversicherungsgesetz für Land- und Forstwirtschaft.** (1886.) Von weil. Dr. **E. v. Woedtke.** Siehe Nr. **108.**

Nr. **73. Entschädigung für unschuldig erlittene Verhaftung und Bestrafung.** Anhang: Nebengesetze über Schadensersatz. Von Wirkl. Geh. Kriegsrat Dr. **A. Romen. — 1904.** 3,10 ℳ

Bänden noch ein Teuerungszuschlag des Verlages von 25 %.

Guttentagsche Sammlung Deutscher Reichsgesetze.

Nr. **74.** Die **Kaufmannsgerichte** nebst Ausführungsbestimmungen. Von Prof. Dr **M. Apt. 3. Aufl. — 1904.** 3,10 M

Siehe auch Nr **112.**

Nr. **75.** Reichsgesetz über die **Konsulargerichtsbarkeit.** Von Rechtsanwalt Dr. **A. F. Vorwerk,** Schanghai. **2. Ausgabe,** mit den Schutzgebietsgesetzen. — **1908.** 3,10 M

Nr. **76. Die Rechtshilfe im Verkehr mit den ordentlichen Gerichten** nach deutschem Reichsrecht. Von Landrichter Dr. **A. Friedländer. — 1906.** 2,60 M

Nr. **77. Das Erbschaftssteuergesetz.** Vom 10 September 1919. Von Oberzollsekretär **B. Henckel. — 1920.** 28,— M

Nr. **78. Zigarettensteuergesetz.** Vom 3 Juni 1906. Von Regierungsassessor Dr. **Cuno.**

Nr. **79. Die Militärpensionsgesetze** vom 31 Mai 1906 nebst Ausführungsbestimmungen Zum Gebrauch für Heer, Marine und Schutztruppe von Wirkl. Geh. Kriegsrat Dr **A. Romen.**

a) I Teil. **Offizierpensionsgesetz. — 1907.** 4,95 M

b) II. Teil: **Mannschaftsversorgungsgesetz** mit Nachtrag, enth **Kapitalabfindungsgesetz** vom 3 Juli 1916 — **1908.** 4,95 M

Militärversorgungsgesetze siehe auch Nr **136.**

Nr. **80.** Reichsgesetzgebung über **gerichtliche Registerführung.** Von Geh. Ob.J.Rat **O. Lindemann. — 1906.** 4,40 M

Nr. **81. Urheberrecht an Werken der bildenden Künste und der Photographie.** Von Rechtsanwalt Dr **L. Fuld. — 1907.** 1,60 M

Nr **82. Reichsbeamtengesetz** vom 18 Mai 1907 mit Ergänzungen von Geh.Rat Prof. Dr **A. Arndt. — 1908.** 4,40 M

Nr. **83.** Reichsgesetz über den **Versicherungsvertrag** nebst Einführungsgesetz. Von Dr. **P. Hager** und Dr **E. Bruck. 4. verm. u. verb. Aufl. — 1920.** 38,— M

Nr. **84. Sammlung kleinerer privatrechtlicher Reichsgesetze.** Von Ober-L.G.Rat **G. Müller. — 1908.** 9,10 M

Zu den aufgeführten Preisen tritt bei den vor 1920 erschienenen

Guttentagsche Sammlung Deutscher Reichsgesetze.

Nr. **85.** **Scheckgesetz.** Von Prof. Dr. **M. Apt.** Vergriffen. Siehe Nr. **113.**

Nr. **86.** **Die Auslieferungsverträge des Deutschen Reiches.** Von Landrichter Dr. **A. Cohn.** — **1908.** 5,85 *M*

Nr. **87.** Gesetz zum **Schutz der Warenbezeichnungen.** Von Geh. Reg.Rat, Mitgl. des Kaiserl. Patentamts Dr. **Freund** und Rechtsanwalt **Magnus. 5. Aufl.** — **1909.** 5,20 *M*

Nr. **88.** **Vereinsgesetz** vom 19. April 1908. Von Wirkl. Geh. Kriegsrat Dr. **A. Romen.** Mit den **Bestimmungen** über **Jugendliche und Gewerkschaften. 4. Aufl.** — **1916.** 4,55 *M*

Nr. **89.** **Vogelschutzgesetz** vom 30. Mai 1908 **nebst** den das Flugwild betr. Bestimmungen der Preuß. Jagdordnung. Von Dr. **L. v. Boxberger.** — **1909.** 1,60 *M*

Nr. **90.** Die Haager Abkommen über das **Internationale Privatrecht.** Von Dr. **G. Bogeng.** — **1908.** 3,25 *M*

Nr. **91.** **Eisenbahn-Verkehrsordnung** mit Ausführungsbestimmungen. Von Reg.Rat Dr. **E. Blume.** — **1909.** 3,65 *M*

Nr. **92.** Gesetz, betr. den **Verkehr mit Kraftfahrzeugen.** Von Amtsgerichtsrat **R. Kirchner. 3. Aufl.** — **1915.** 5,85 *M*

Nr. **93.** Gesetz über die **Sicherung der Bauforderungen.** Von Justizrat Dr. **E. Harnier. 3. Aufl.** — **1912.** 2,35 *M*

Nr. **94.** **Haftpflicht der Reichs- und Staatsbeamten** von Dr. **H. Delius. 2. Aufl.**, mit dem Gesetz über Haftung des Reichs für Beamte vom 22. Mai 1909. — **1909.** Vergriffen.

Nr. **95.** Die Berner Übereinkunft über **Internationales Urheberrecht.** Von Geh.Rat Dr. **H. Dungs.** — **1910.** 1,60 *M*

Nr. **96.** **Branntweinsteuergesetz** vom 15. Juli 1909 mit den für das Reich erlassenen Ausf.-Bestimmungen und Kriegsverordnungen. **2. Aufl.**, bearbeitet von Reg.Assessor Dr. **K. Kniebe**, Hilfsarbeiter im Reichsamt des Innern. — **1916.** 5,20 *M*

Branntweinmonopolgesetz siehe **Nr. 131 a.**

Bänden noch ein Teuerungszuschlag des Verlages von 25 %.

Guttentagsche Sammlung Deutscher Reichsgesetze.

Nr. **97.** **Schutzgebietsgesetz** nebst dem G. über die Konsulargerichtsbarkeit sowie den Ausf.-Bestimmungen. Von **J. Gerstmeyer,** Wirkl. Legationsrat. — **1910.** 4,40 *M*

Nr. **98.** **Sechs Haager Abkommen** über **Internationales Privatrecht.** Von Geh.Rat Dr. **Dungs.** — **1910.** 2,35 *M*

Nr. **99.** **Die Abkommen der Haager Friedenskonferenz.** Von Dr. **H. Wehberg.** — **1910.** Vergriffen.
Neue Auflage unter dem Titel: **„Wehberg, Völkerbundsakte".** (Außerhalb der Sammlung.) 11,25 *M*

Nr. **100.** Gesetz über den **Absatz von Kalisalzen.** Von Geh. Bergrat **B. Voelkel.** — **1910.** 3,40 *M*

Nr. **101.** **Zuwachssteuergesetz** vom 14. Februar 1911. Von Geh. Reg.Rat Dr. **W. Cuno.** — **1911.** 5,20 *M*

Nr. **102.** **Urheberrecht an Mustern und Modellen** und Ges. betr. Schutz von **Gebrauchsmustern.** Von Reg.Rat **F. Neuberg,** Mitgl. d. Patentamts. — **1911.** 3,40 *M*

Nr. **103.** **Reichs-Viehseuchengesetz** vom 26. Juni 1909 nebst Ausführungsvorschriften und dem preuß. Ausführungsgesetz. Von Landrat Dr. **W. v. Hippel. 2. Aufl.** — **1912.** 6,50 *M*

Nr. **104.** **Versicherungsgesetz für Angestellte.** Von **O. Bernstein** und Dr. **J. Kupferberg. 2. Aufl.** — **1912.** Vergriffen.
(Siehe auch Nr. **144.**)

Nr. **105.** **Das Geldwesen in den deutschen Schutzgebieten.** Von **W. Hintze,** Geh. Sekr. im Reichskolonialamt. — **1912.** 2,90 *M*

Nr. **106—109.** **Reichs-Versicherungsordnung nebst Einführungsgesetz.** Herausgegeben von Direktor Dr. **F. Caspar** und Geh. Ob.Reg.Rat **A. Spielhagen. 4 Bände.**

Nr. **106.** I., V. und VI. Buch. **Gemeinsame Vorschriften. — Beziehungen der Versicherungsträger zu einander und zu anderen Verpflichteten. — Verfahren.** Von Dr. **K. Lippmann,** Senatspräsident im Reichs-Vers.Amt, Dr. **L. Laß** und **H. Siefart.** — **1913.** 8,45 *M*

Ergänzungen zum I. und VI. Buch. Von Dr. **K. Lippmann.** — **1920.** Einzeln 1 *M*

Zu den aufgeführten Preisen tritt bei den **vor** 1920 erschienenen

Guttentagsche Sammlung Deutscher Reichsgesetze.

Nr. **107.** II. Buch. **Krankenversicherung.** Von Geh. Reg.-Rat **H. Siefart** und Reg.Rat Dr. **F. Sitzler.** — **1916.** 9,75 *M*

Ergänzungen zum II. Buch. Bearbeitet von Dr. **K. Lippmann.** — **1920.** Im Druck.

Nr. **108.** III. Buch. **Unfallversicherung.** Von **A. Radtke,** Senatspräsident im R.Vers.Amt. — **1913.** 11,— *M*

Nr. **109.** IV. Buch. **Invaliden- und Hinterbliebenenversicherung.** Von Geh. Ob.Reg.Rat **B. Jaup** und **H. Follmann,** Senatspräsident im R.Vers.Amt. — **1912.** Mit Nachtrag. 1914—1916. 5,85 *M*

Nr. **110. Wehrbeitragsgesetz** mit Ausf.-Bestimmungen. Von Wirkl. Geh. Ob.Fin.Rat **A. Fernow. 2. Aufl.** — **1913.** 2,90 *M*

Nr. **111. Reichs- und Staatsangehörigkeitsgesetz.** Von Wirkl. Geh. Kriegsrat Dr. **A. Romen.** — **1913.** 3,25 *M*

Nr. **112. Kaufmannsgerichtsgesetz** mit Best. des Gewerbegerichtsgesetzes. Von Dr. **H. Depène,** Vors. des Kaufmannsgerichts zu Berlin. — **1914.** 3,65 *M*

Nr. **113. Postscheckgesetz.** Von Oberpostinspektor **J. Weiland.** — **1914.** Mit Nachtrag **1918.** 2,35 *M*

Nr. **113 a. Postscheckordnung** mit Ausführungsbestimmungen. Von **J. Weiland.** — **1914.** Mit Nachtrag **1918.** 2,35 *M*

Nr. **114. Waffengebrauch und Festnahmerecht des Militärs.** Von Wirkl. Geh. Kriegsrat Dr. **A. Romen** und Kriegsgerichtsrat Dr. **E. Rissom.** — **1914.** 2,90 *M*

Nr. **115. Das vertragliche Wettbewerbsverbot [Konkurrenzklausel].** Nebst Kommentar zum G. v. 10. Juni 1914. Von Rechtsanwalt Dr. **G. Baum.** — **1914.** 4,40 *M*

Nr. **116. Kriegs-Zivil- und Finanzgesetze** vom 4. Aug. 1914 und die dazu erlassenen Verordnungen und Bekanntmachungen. **3. Aufl.** — **1915.** 3,40 *M*

Nr. **116 a.** Zweite Folge: Das Jahr 1915. — **1916.** Siehe auch Nr. **129.** 2,90 *M*

Bänden noch ein Teuerungszuschlag des Verlages von 25 %.

Guttentagsche Sammlung Deutscher Reichsgesetze.

Nr. **117. Darlehnskassengesetz.** Von Rechtsanwalt **Salomon** und Bankvorsteher **Bud. — 1915.** 2,90 *M*

Nr. **118. Militärhinterbliebenengesetz.** Von Rechnungsrat **Reh.** Mit Nachtrag, enth. das **Kapitalabfindungsgesetz** vom 11. Juli 1916. — **1915.** — (Siehe auch Nr. **136.**) 3,65 *M*

Nr. **119. Kriegsleistungsgesetz.** Von Rechtsanwälten J.Rat **Heilberg** und **Schäffer. — 1915.** Vergriffen. 4,15 *M*

Nr. **120. Telegraphenwegegesetz.** Von Postreferendar **Wolf. — 1916.** 2,35 *M*

Nr. **121. Direkte Kriegssteuer.** Gesetze z. Besteuerung der Kriegsgewinne. Von Ob.Verw.Gerichtsrat **A. Mrozek. — 1916.** 5,85 *M*

Nr. **122. Gesetz über den Belagerungszustand.** Von Kriegsgerichtsrat Dr. **H. Pürschel. — 1916.** 6,50 *M*

Nr. **123. Warenumsatzstempel.** Von Geh. Ober-Justizrat **Lindemann. — 1916.** 3,25 *M*

Umsatzsteuergesetze — 1918 und 1919. Siehe Nr. **132.** — (Ausgabe ohne Anmerkung S. 22.)

Nr. **124. Todeserklärung Kriegsverschollener.** Von Prof. Dr. **J. Partsch. — 1916.** 3,90 *M*

Nr. **125.** Das Gesetz über den **vaterländischen Hilfsdienst. 3. vermehrte Aufl. — 1917.** 1,50 *M*

Nr. **126. Besitzsteuergesetz** mit Ausführungsbestimmungen. Von Ob.Verw.Gerichtsrat **A. Mrozek. — 1917.** 6,— *M*

Nr. **127.** Verordnung über die **Geschäftsaufsicht zur Abwendung des Konkurses** vom 14. Dez. 1916. Von Rechtsanwalt **G. Klien,** mit system. Einleitung von Geh. Hofrat Dr. **Ernst Jaeger,** ord. Prof. a. d. Universität Leipzig. — **1917.** 2,— *M*

Nr. **128.** Gesetz, betr. die **Verhaftung und Aufenthaltsbeschränkung,** vom 4. Dez. 1916. Nebst Anhang, betr. Entschädigung unschuldig Verhafteter. Von Wirkl. Geh. Kriegsrat Dr. **A. Romen. — 1917.** 2,50 *M*

Nr. **129.** Kriegsgesetze auf dem Gebiete des **Zivil- und Prozeßrechtes,** für die gerichtliche Praxis zusammengestellt von Amtsrichter Dr. **Johannes Fischer. — 1918.** 4,— *M*

Zu den aufgeführten Preisen tritt bei den vor 1920 erschienenen

Guttentagsche Sammlung Deutscher Reichsgesetze.

Nr. **130.** **Ersatzlebensmittelverordnung** nebst Ausf.-Vorschr. des Reichs und der wichtigsten Bundesstaaten. Verordnungen über **Schleichhandel, Preistreiberei und Papierhandel.** Von **Heinz Emil Wendel,** Polizeirat in Berlin. — **1918.** 2,— M

Nr. **131 a.** **Reichsfinanzgesetzgebung 1918.** Bd. I. **Getränkesteuern** (Bier, Branntwein, Wein, Schaumwein, Limonaden). Von Dr. **G. Mayer.** — **1918.** 6,50 M

Nr. **131 b.** **Reichsfinanzgesetzgebung 1918.** Bd. II. **Abgabe vom Einkommen, Stempel, Umsatz, Kriegsgewinn** usw., **Steuerflucht.** Von Dr. **G. Mayer.** — **1919.** 4,— M

Nr. **132.** **Umsatzsteuergesetz** und Ausführungsbestimmungen. Von Geh. Ober-Justizrat **Otto Lindemann,** vortr. Rat im Justizministerium. **2. Aufl.** — **1920.** 32,— M

Nr. **133.** **Reichswuchergesetzgebung.** Von Reichsgerichtsrat Dr. **Ad. Lobe.** — **1918.** 6,50 M

Nr. **134.** **Die Friedensverträge.** Von Dr. **Karl Strupp.** I. **Die Ostfrieden.** — **1918.** 12,— M

Nr. **135.** Verordnung über das **Erbbaurecht.** Von Land-G.Rat Dr. **Hermann Günther.** — **1919.** 5,— M

Nr. **136.** **Militärversorgungsgesetze.** Von Landrichter Dr. **Hermann Günther.** — **1919.** 6,50 M

Nr. **137.** **Die neue Verfassung des Deutschen Reiches.** Von Prof. Dr. **A. Arndt.** — **1919.** 6,— M

Nr. **138 a.** **Arbeiterschutz und Arbeitsrecht.** Von Prof. Dr. **A. Günther.** — **1920.** 25,— M

Nr. **138 b.** **Betriebsrätegesetz.** Von Prof. Dr. **A. Günther.** — **1920.** 9,— M

Nr. **139.** **Grunderwerbsteuergesetz.** Von Geh. Ober-Justizrat **Otto Lindemann.** — **1919.** 6,— M

Nr. **140.** **Die Siedelungsgesetzgebung im Reich und in Preußen.** Von Geh. Ob.-Justizrat **W. Holzapfel.** — **1920.** 12,— M

Bänden noch ein Teuerungszuschlag des Verlages von 25 %.

Guttentagsche Sammlung Deutscher Reichsgesetze.

Nr. **141.** **Sozialisierungsgesetze.** Von Rechtsanwalt Dr. **Otto Meier.** — **1920.** 10,— *M*

Nr. **142.** **Wirtschaftliche Demobilmachung.** Von Geh. Reg.-Rat Dr. **Gg. Fischbach.** — **1920.** 5,00 *M*

Nr. **143.** **Reichsabgabenordnung** mit Einleitung. Von Rechtsanwalt Dr. **Friedmann.** — **1920.** 9,00 *M*

Nr. **144.** **Versicherungsgesetz für Angestellte.** Von Senatspräsident Dr. **Lippmann.** — **1920.** 12,— *M*

Nr. **145.** Gesetzgebung über **Steuer- und Kapitalflucht.** Von Rechtsanwalt Dr. **E. H. Meyer.** 2. Aufl. — **1921.** 10,— *M*

Nr. **146.** **Tabaksteuergesetz.** Von Rechtsanwalt Dr. **Wündisch.** — **1920.** 17,— *M*

Nr. **147.** Gesetz über **Filmzensur.** Von Regierungsrat **Szczesny.** — **1920.** 9,— *M*

Nr. **148.** **Reichsausgleichsgesetz.** Von Rechtsanwalt Dr. **Decke.** — **1920.** 9,— *M*

Nr. **149.** **Reichsnotopfergesetz.** Von Rechtsanwalt Dr. **Friedmann** und Dr. **Richard Wrzeszinsky.** — **1921.** 36,— *M*

Zu den aufgeführten Preisen tritt bei den vor 1920 erschienenen

Guttentagsche Sammlung
Preußischer Gesetze.
Text-Ausgaben mit Anmerkungen. Taschenformat.

Nr. 1. **Die Verfassung des Freistaats Preußen.** Mit Einleitung, vollständigem Kommentar, Landeswahlgesetz und Sachregister. Von Prof. Dr. **A. Arndt. — 1921.** 10,— M

(Ausführlicher Kommentar von Prof. Stier-Somlo. — **1921.** 35,— M)

Nr. 2. Preußische **Beamten-Gesetzgebung.** Enth. die wichtigsten Beamtengesetze in Preußen. Von **K. Pfafferoth. 5. Aufl. — 1916.** 3,90 M

Nr. 3. **Aufnahme** von **Nottestamenten** durch die bestellten Urkundspersonen. Anweisung mit Musterbeispielen. Von Amtsgerichtsrat **E. Kurtz. — 1904.** 2,35 M

Nr. 4. **Gebührenordnung** für **Notare** vom 25. Juli 1910. **5. Aufl.** von Justizrat **Rausnitz. — 1917.** 5,— M

Nr. 5. Gesetz vom **24. April 1854 [betr. die außereheliche Schwängerung].** Von Dr. **Schulze. — 1873.** 1,— M
Reichs-Recht siehe Reichsgesetze Nr. **58.**

Nr. 6. Die Preuß. **Ausführungsgesetze und Verordnungen zu den Reichs-Justizgesetzen.** Von **R. Sydow.**
Ersetzt durch Busch-Eylau, Ausführungsgesetze.

Nr. 7. Allg. **Gerichtsordnung** und Preuß. **Konkursordnung.** Von **F. Vierhaus.** Vergriffen.

Nr. 8. **Vormundschaftsordnung.** Von **F. Schultzenstein.**
Reichs-Recht siehe: Reichsgesetze Nr. **47.**

Nr. 9. Die Preußische **Grundbuchgesetzgebung.** Von Prof. Dr. **Fischer.** Vergriffen; siehe Reichsgesetze Nr. **42.**

Nr. **10. Einkommensteuergesetz.** Von Wirkl. Geh. Ob.Finanzrat **A. Fernow. 8. Aufl. — 1913.** Vergriffen! — Neue Auflage in jetziger Fassung im Druck. — Siehe auch S. 22.

Nr. **11. Gewerbesteuergesetz.** Von Wirkl. Geh. Ob.Fin.Rat **A. Fernow. 6., vermehrte Aufl. — 1915.** 6,25 M

Bänden noch ein Teuerungszuschlag des Verlages von 25 %.

Guttentagsche Sammlung Preußischer Gesetze.

Nr. 12. **Allgemeines Berggesetz.** Mit seinen Novellen und Nebengesetzen. **3. Aufl.**, bearbeitet von den Oberbergräten **Schlüter** und **Hense. — 1913.** 10,40 M

Nr. 13. **Ergänzungssteuergesetz** (Vermögenssteuergesetz). Von Wirkl. Geh. Ob.Fin.Rat **A. Fernow. 5. Aufl.** Mit Nachtrag, enth. Ges. betr. Erhöhung der Zuschläge vom 8. Juli 1916. **— 1914.** 5,85 M

Nr. 14. **Kommunalabgabengesetz** vom 14. Juli 1893 und Ges. wegen Aufhebung direkter Staatssteuern. Von Oberbürgermeister Dr. **F. Adickes. 5. Aufl.** bearbeitet von Stadtrat Dr. **Woell. — 1911.**

Vergriffen, neue Auflage in Vorbereitung.

Nr. 15. Die **Kreisordnungen** für den Preußischen Staat. Von Land-G.Rat **O. Kolisch. — 1894.** 5,50 M

Nr. 16. **Konzessionierung gewerblicher Anlagen.** Von Geh. Reg.Rat Dr. **W. v. Rüdiger. 2. Aufl. — 1901.** 2,60 M

Nr. 17. Preußisches **Gerichtskostengesetz.** Vom 25. Juli 1910. Mit Kostentabellen. Von Kammer-G.Rat Dr. **P. Siméon. 7. Aufl. — 1913.** Mit Nachtrag: Abänderungen der Jahre 1919 und 1920. 5,85 M

Nr. 18. Preußisches **Stempelsteuergesetz** vom 30. Juni 1909. Mit sämtlichen Ausführungsbestimmungen. Von **P. Loeck. 8. Aufl.** von Reg.Rat **W. Seyffarth. — 1914.** 11,70 M

Neue Auflage in Vorbereitung.

Nr. 19. Das **Jagdscheingesetz.** Von Wirkl. Geh. Ob.Reg.Rat **F. Kunze. 2. Aufl. — 1899.** 2,90 M

Nr. 20. Die **preußischen Erbschaftssteuergesetze.** Von Rechnungsrat **U. Hoffmann. — 1905.** 5,20 M

(**Reichs**-Erbschaftssteuergesetz siehe Reichsgesetze Nr. **77** und Seite 22.)

Nr. 21. Gesetz über die **Handelskammern.** Von Min.Dir. **F. Lusensky. 2. Aufl. — 1909.** 4,40 M

Nr. 22. Gesetz, betr. **Anstellung und Versorgung der Kommunalbeamten.** Von Dr. **W. Ledermann. 2. Aufl.**, bearbeitet von Dr. **L. Brühl. — 1914.** 3,10 M

Zu den aufgeführten Preisen tritt bei den vor 1920 erschienenen

Guttentagsche Sammlung Preußischer Gesetze.

Nr. **23.** **Ausführungsgesetz zum Bürgerlichen Gesetzbuche.** Von Kammer-G.Rat Dr. **P. Siméon. 3. Aufl. — 1914.** 3,10 *M*

Nr. **24.** Die **Hinterlegungsordnung. (1879.)** Von Reg.Rat Dr. **G. Bartels. 2. Aufl. — 1908.** 2,60 *M*

— —, Abänderungsgesetz vom 21. April 1913 siehe Nr. **53.**

Nr. **25.** **Preußische Kommunalbeamtengesetzgebung.** Von Mag.Assessor Dr. **F. Kremski,** Berlin. **— 1901.** 4,40 *M*

Nr. **26.** Gesetze über das **Diensteinkommen der Lehrer und Lehrerinnen, Ruhegehalt und Hinterbliebenenfürsorge.** Tabelle zur Berechnung der Ruhegehalts-, Witwen- und Waisenbezüge. Von Bürgermeister Dr. **E. Cremer. — 1900.** 3,40 *M*

Nr. **27.** Gesetz, betr. die **Warenhaussteuer.** Von Geh. Ober-Fin.Rat Dr. **G. Strutz. — 1900.** 1,95 *M*

Nr. **28.** Die **Fürsorgeerziehung Minderjähriger.** Von Geh. Justizrat Dr. **P. F. Aschrott.** Mit Ausführungsbestimmungen und allen wichtigeren Ministerialerlassen. **3. Aufl. — 1917.** 5,— *M*

Nr. **29.** Gesetz, betr. **die ärztlichen Ehrengerichte, das Umlagerecht und die Kassen der Aerztekammern.** Von Amtsgerichtsrat Dr. **F. Fidler. — 1901.** 2,35 *M*

Nr. **30.** Das **Preußische Staatsschuldbuch** und **Reichsschuldbuch.** Von Wirkl. Geh. Ob.Fin.Rat **J. Mücke. — 1902.** 2,60 *M*

Nr. **31.** **Die geltenden Preußischen Gesindeordnungen. Zwei Bände.** Von Rechtsanwalt **St. Gerhard.**

31 a. Gesindeordnung für die altpreußischen Provinzen vom 8. Nov. 1810, unter Berücksichtigung der Ergänzungsgesetze, der Rechtsverhältnisse der Stellenvermittler und Reichsversicherungsordnung, sowie die Gesindeordnungen für Neuvorpommern und Rügen und für die Rheinprovinz. **2. Aufl. — 1914.** 4,40 *M*

31 b. Gesindeordnungen für Hannover, Schleswig-Holstein, Hessen-Nassau und den Regierungsbezirk Hohenzollern. — **1902.** 3,65 *M*

Bänden noch ein Teuerungszuschlag des Verlages von 25 %.

Guttentagsche Sammlung Preußischer Gesetze.

Nr. 32. **Die Städteordnung für die sechs östlichen Provinzen Preußens.** Von Dr. **W. Ledermann** u. Dr. **L. Brühl. 2. Aufl. — 1913.** 9,75 ℳ

Nr. 33. **Rentenguts- und Anerbenrechts-Gesetzgebung in Preußen.** Von Land-G.Rat **M. Peltasohn** und Rechtsanwalt **B. Peltasohn. — 1903.** 4,40 ℳ

Nr. 34. Sammlung der wichtigsten **preußischen Strafgesetze** nebst Ges., betr. polizeil. Strafverfügungen, vom 23. April 1883. Von Geh. Ob.J.Rat **Lindemann. 2. Aufl. — 1912.** 4,70 ℳ

Nr. 35. **Geschäftsordnung für Gerichtsvollzieher.** Von **E. Exner. — 1904.** 4,55 ℳ

Nr. 36. **Polizeiverordnungen in Preußen.** Von Geh. Ober-Justizrat **O. Lindemann. — 2. Aufl. 1912.** 3,40 ℳ

Nr. 37. Gesetz, betr. **Enteignung von Grundeigentum,** vom 11. Juni 1874. Von Ob.L.G.Rat **O. Meyer. 2. Aufl. — 1911.** 3,25 ℳ

Nr. 38. **Kreis- und Provinzial-Abgabengesetz** vom 23. April 1906. Von Gemeindevorsteher **F. Schmidt. — 1906.** 1,95 ℳ

Nr. 39. Gesetz, betr. die **Unterhaltung der öffentlichen Volksschulen.** Von Reg.Rat Dr. **A. Marcks. — 1906.** 2,90 ℳ

Nr. 40. **Verwaltungsstrafverfahren** bei Zuwiderhandlungen gegen die Zollgesetze und indirekte Reichs- und Landesabgaben. Von Dr. **R. Katzenstein. — 1907.** 5,20 ℳ

Nr. 41. Die **preußischen Jagdpolizeigesetze.** Von Wirkl. Geh. Ob.Reg.Rat **F. Kunze** und Rechtsanwalt **R. Kühnemann. 2. Aufl. — 1907.** 5,20 ℳ

Nr. 42. Die Gesetzgebung über die **Allgemeine Landesverwaltung und Zuständigkeit der Verwaltungs- und Verwaltungsgerichtsbehörden.** Von Dr. **K. Friedrichs. — 1908.** 4,40 ℳ

Nr. 43. Gesetz, betr. die **Zulassung einer Verschuldungsgrenze** für land- und forstwirtschaftlich benutzte Grundstücke. Von Syndikus Dr. **R. Leweck. — 1908.** 3,40 ℳ

Zu den aufgeführten Preisen tritt bei den vor 1920 erschienenen

Guttentagsche Sammlung Preußischer Gesetze.

Nr. 44. **Quellenschutzgesetz** nebst den Ausführungsbestimmungen. Von Geh. Bergrat **E. Voelkel. — 1909.** 1,60 *M*

Nr. 45. **Rechtsverhältnisse der Juden in Preußen.** Von Rechtsanwalt Dr. **M. Kollenscher. — 1910.** 3,40 *M*

Nr. 46. Gesetz, betr. **Austritt aus der Landeskirche,** vom 14. Mai 1873. Von Ger.Assessor **H. Caro. — 1911.** 3,40 *M*

Nr. 47. Gesetz, betr. die **Feuerbestattung.** Von Amtsgerichtsrat Dr. **W. Lohmann. — 1912.** 2,10 *M*

Nr. 48. **Zweckverbandsgesetz für Groß-Berlin** vom 19. Juli 1911 nebst Abdruck des allgemeinen Zweckverbandsgesetzes. Von den Magistratsräten Dr. **L. Brühl,** Dr. **K. Gordan** und Stadtrat Dr. **W. Ledermann. — 1912.** 5,85 *M*

Nr. 49. **Gesetze gegen die Verunstaltung landschaftlich hervorragender Gegenden** mit Ausführungsanweisungen. Von Regierungsrat **O. Goldschmidt. — 1912.** 3,40 *M*

Nr. 50. **Gesetz, betr. die Anlegung und Veränderung von Straßen und Plätzen in Städten und ländlichen Ortschaften.** Von Oberlandgerichtsrat **O. Meyer. — 1913.** 4,40 *M*

Nr. 51. **Das preußische Disziplinargesetz für die nichtrichterlichen Beamten** und die Privatdozenten. Von Regierungsrat Dr. **E. v. Dultzig. — 1914.** 6,25 *M*

Nr. 52. **Preußisches Wassergesetz** vom 7. April 1913. **Von den** Rechtsanwälten **G. Wulff** und **F. Herold. — 1913.** 7,15 *M*

Nr. 53. **Hinterlegungsordnung** vom 21. April 1913. Von Landrichter **Hagemann. — 1914.** 3,25 *M*

Nr. 54. Gesetz, betr. **Anlegung von Sparkassenbeständen in Inhaberpapieren** nebst Ausführungsverordnung vom 8. Mai 1913. Von Rechtsanwalt **H. Döhring. — 1914.** 2,90 *M*

Bänden noch ein Teuerungszuschlag des Verlages von 25 %.

Guttentagsche Sammlung Preußischer Gesetze.

Nr. **55. Preußisches Wohnungsgesetz** und **Bürgschaftssicherungsgesetz.** Von Hochschulprofessor Dr. jur. **B. Schmittmann. — 1918.** 6,— M

Nr. **56. Das preußische Tumultschadengesetz.** Von Justizrat Dr. **Bruno Friedländer. — 1919.** 1,20 M

Nr. **57.** Gesetz über **Landeskulturbehörden.** Von Geh. Ober-Justizrat **W. Holzapfel. — 1920.** 7,— M

Nr. **58. Arbeitsnachweis.** Von Magistratsrat **P. Wölbling. — 1920.** 4,— M

Nr. **59. Bildung der neuen Stadtgemeinde Berlin.** Von Magistratsrat **P. Wölbling. 2. Aufl. — 1920.** 10,— M

Nr. **60. Umlegungsordnung.** Von Geh. Ober-Justizrat **W. Holzapfel. — 1921.** 13,— M

Sonderverzeichnisse über hervorragende Erscheinungen aus den Gebieten des Verwaltungs- und Handelsrechts sowie der genossenschaftlichen Literatur durch jede Buchhandlung und direkt vom Verlage.

Zu den aufgeführten Preisen tritt bei den vor 1920 erschienenen

Guttentagsche Sammlung
von
Textausgaben ohne Anmerkungen mit Sachregister.

Betriebsrätegesetz. 2,— M
Bürgerliches Gesetzbuch nebst **Einführungsgesetz. 13. Aufl. — 1921.** 20,— M
Erbschaftssteuergesetz vom 10. September 1919. **2. Aufl.** mit Ausführungsanweisung. 4,— M
Freiwillige Gerichtsbarkeit. — 1920. 12,— M
Handelsgesetzbuch nebst **Einführungsgesetz** und **Seerecht. 10. Aufl. — 1921.** 16,— M
Konkursordnung mit **Einführungsges. 2. Aufl. — 1915.** 1,30 M
Kriegsgewinnsteuer. — 1916. —,80 M
Die Kriegssteuergesetze. 2. Aufl. — 1917. 2,— M
Militärstrafgerichtsordnung m. **Einführungsges. — 1901.** 1,95 M
Militär-Strafgesetzbuch. 2. Aufl. — 1916. 1,55 M
Reichseinkommensteuer — Körperschaftssteuer — Kapitalertragssteuer — Landessteuer. 7,— M
Einkommensteuergesetz in d. Fassung d. Novelle v. 24. März 1921.
Reichsfinanzgesetze von 1909. **— 1909.** 2,60 M
Reichsnotopfergesetz. 1,50 M
Reichsversicherungsordnung (Kranken-, Unfall-, Invaliden- und Hinterbliebenenversicherung). **20. bis 30. Tausend.** 6,— M
Strafgesetzbuch. — 1921. 8,— M
Strafprozeßordnung. 3. Aufl. — 1920. 12,— M
Umsatzsteuergesetz. — 1920. 3,— M
Verkehrs- u. Kohlensteuer u. Kriegssteuerzuschlag. — 1917. 2,— M
Verfassung des Deutschen Reiches v. 11. Aug. 1919. **2. Aufl.** 6,— M
Verfassung des Freistaates Preußen. 3,60 M
Versicherungsgesetz für Angestellte. — 1911. S. R. 144. Vergriffen.
Wechselordnung mit Anhang: **Wechselprozeß und Ausführungsanweisung. — 1908.** 3,— M
Wehrbeitrag und **Besitzsteuer. — 1913.** 1,30 M
Zivilprozeßordnung mit **Gerichtsverfassungsgesetz** und **Einführungsgesetzen. 1921.** 18,— M
Zuwachssteuergesetz. — 1911. 1,05 M
— — **Ausführungsbestimmungen. — 1911.** —,80 M
Preuß. Ausf.-Anweis. zur **Gewerbeordnung. — 1904.** 2,90 M

Bänden noch ein Teuerungszuschlag des Verlages von 25 %.

Der Teuerungszuschlag des Verlages ist in den Preisen enthalten.

Größere Kommentarwerke in neuen Bearbeitungen.

Das Bürgerliche Gesetzbuch mit besonderer Berücksichtigung der Rechtsprechung des Reichsgerichts, erläutert von den Reichsgerichtsräten **Busch, Schaffeld,** Dr. **Ebbecke, Erler, Kiehl,** Dr. **Lobe, Mansfeld, Michaelis, Oegg, Schliewen, Seyffarth.** Drei Bände. **3., völlig neubearbeitete Auflage. 1920.** Preis geb. 360,— *M.*

Staubs Kommentar zum Handelsgesetzbuch. Von **Heinrich Könige,** Senatspräsident am Reichsgericht in Leipzig, **Albert Pinner,** Justizrat in Berlin, und Dr. **Felix Bondi,** Justizrat in Dresden. **1920.** Groß-Oktav. Zwei Bände. Preis geh. 201,— *M,* geb. 241,— *M.* (Registerband erscheint später.)

Staubs Kommentar zur Wechselordnung, fortgesetzt von Dr. **J. Stranz** und Dr. **M. Stranz. 9. Auflage** bearbeitet von Justizrat Dr. **W. Stranz,** Rechtsanwalt am Kammergericht, und **Martin Stranz,** Rechtsanwalt an den Landgerichten Berlin. **1920.** Groß-Oktav. Preis 54,— *M,* geb. 62,— *M.*

Das deutsche Seerecht nebst Erläuterungen zu den seerechtlichen Nebengesetzen. Von Reichsgerichtsrat Dr. **Georg Schaps †. 2., vollständig umgearbeitete Auflage.** Nach dem Tode des Verfassers fertiggestellt und herausgegeben von Dr. **Max Mittelstein,** Senatspräsident am Hanseatischen Oberlandesgericht, Vorsitzender des Prisengerichts Hamburg, und Dr. **Julius Sebba,** Rechtsanwalt am Oberlandesgericht Königsberg. Erster Band. (Handelsgesetzbuch: Viertes Buch.) Groß-Oktav. Preis geh. 160,— *M,* geb. 175,— *M.*

Die Konkursordnung mit Einführungsgesetz, Nebengesetzen und Ergänzungen. Kommentar von Geh. Justizrat Dr. **Th. Wolff,** Kammergerichtsrat. **2., wesentlich vermehrte und verbesserte Auflage. 1921.** Gr.-Oktav. Preis 85,— *M,* geb. 100,— *M.*

Das Reichs-Strafgesetzbuch mit besonderer Berücksichtigung der Rechtsprechung des Reichsgerichts, erläutert von Dr. **Ludwig Ebermayer,** Senatspräsident am Reichsgericht, **Julius Eichelbaum,** Reichsgerichtsrat, Dr. **Adolf Lobe,** Reichsgerichtsrat, und **Werner Rosenberg,** Reichsgerichtsrat. Lexikon-Oktav. 1098 Seiten. Preis 86,— *M,* geb. 100,— *M.*

Schlagwort-Register

R. = Nummer der Sammlung Deutscher **Reichs**gesetze.
P. = Nummer der Sammlung **Preußischer** Gesetze.
S. = Seite.

Schlagwort-Register. (R. = Reichsgesetz, P. = preuß. Gesetz.)

Schlagwort-Register. (R. = Reichsgesetz, P. = preuß. Gesetz.)

Schlagwort-Register. (R. = Reichsgesetz, P. = preuß. Gesetz.)

Schlagwort-Register. (R. = Reichsgesetz, P. = preuß. Gesetz.)

W.

Z.

Kolibri 360 GmbH
Ferdinand-Jühlke-Straße 7
99095 Erfurt, Deutschland
produktsicherheit@kolibri360.de